民族考古之路

——我的治学生涯

宋兆麟 著

商务印书馆
The Commercial Press

2018 年·北京

图书在版编目（CIP）数据

民族考古之路：我的治学生涯／宋兆麟著. — 北京：商务印书馆，2018
ISBN 978 - 7 - 100 - 15925 - 8

Ⅰ.①民… Ⅱ.①宋… Ⅲ.①民族考古学—中国—文集 Ⅳ.①K874.04-53

中国版本图书馆CIP数据核字（2018）第044286号

民族考古之路
——我的治学生涯

宋兆麟　著

商 务 印 书 馆 出 版
（北京王府井大街36号　邮政编码 100710）
商 务 印 书 馆 发 行
三河市尚艺印装有限公司印刷
ISBN 978 - 7 - 100 - 15925 - 8

2018年4月第1版　　　开本 710×1000　1/16
2018年4月第1次印刷　　印张 15

定价：48.00元

前　言

人类必须不断总结过去，继承优秀的文化，摒弃落后的文化，继往开来，才能不断进步，走向未来。在中华民族的文化宝库中，国人极其重视自己的历史。国家有自己的历史记载，如《史记》、《汉书》等；一个家族也有自己的历史记载，如数以万计的族谱；现代又兴起了个人史。这是中国传统文化的有机组成部分。

我本来是一介草民，种过地，放过牛，也做过中学生，念过大学。工作后搞过考古，进行过不少民族调查，许多岁月是在边疆民族地区度过的，见到过不少鲜为人知的文化现象，大大地开阔了一个考古研究者的视野，有感而发，写了数以百计的论文，也出版过若干专著，比较重要的有《中国原始社会史》、《中国远古文化》、《中国生育·性·巫术》、《巫觋》、《中国传统节日》、《中国廿四节气》、《耳苏人象形文字和图经》和《边地民族考察记》丛书。参与过我国的非物质文化保护工作。晚年下乡调查已不可能，但就近还有可以调查的场所：旧货市场、私人收藏家等。加上自己对文物或物质文化的浓厚兴趣，我又开始一个新的学习领域，到旧货市场学习，对收藏家进行研究。这里水很深，一是真假混杂，必须辨伪；二是有不少新问题，需要认真研究。有的专家爱发狂语，说"那些全是假的"，一言以蔽之。事实没那么简单，它要比想象的错综复杂。我虽然同文物打了一辈子交道，但是在上述社会现象面前，我还是小学生，不能说接触的文物全是假的，也不能说全是真的，关键是观察、学习，而且要长期如此。同时，在学习中寻找真的。万绿丛中一点红，其中总会有好的东西，事实也是如此，如红山文化的女神陶像、汉代的琴瑟、唐代的金银器、辽代的雕版和活字等。起初我是从学术研究角度分析这些文物，后来也做一点收藏，如汉代的漆瑟、唐代的银佛像、宋代的古筝、元代的缂毛唐卡，等等。这些收藏品为研究而来，不以营利为目的，有些是抢救而得来的，最后陆续捐赠给国家性质的博物馆。

我的经历是平凡的，不值一提；但我所经历的时代是不平凡的，而且经历过、目睹过许许多多有意义的事情。应该说，民族社会是动态物，是会变化的，尤其在当今的社会转型期。我看到和经历的事情，前人看过而鲜有记录，后来者肯定是难以目睹了。因此，它又激励着我去写一本回忆录性质的著作。

第一，我生于贫困的农村，是一个苦命的孩子，但是时代的变迁，又使我受过高等教育，掌握一定的专业知识，成为一位有益于社会的知识分子。回忆录首先记述了上述经历。

第二，我虽然是学考古的，但又大量从事民族调查，其中有不少探险性，看到和经历过不少鲜为人知的民族风俗，回忆录必然能讲述和介绍很多早已消失的往昔历史。

第三，我从年轻时代起，就专职搜集民族文物，几十年未变。退休后又与旧货市场、收藏家的藏品打交道，所以物质文化或文物是我研究的基本课题。其中又以民俗文物为主，所不同的是，它与非物质文化是结合在一起的，也就是物质文化和非物质文化都是文化的组成部分，两者互补，缺一不可，其中的物质文化还是整个文化的载体。现在有的人把整个文化撕裂，置物质文化而不顾，只呼吁保护非物质文化，或者只搞文物而放弃非物质文化，这些都是违反常规的，也不会有生命力的。

总之，《民族考古之路——我的治学生涯》不仅是我个人的历史记录，也是社会变迁的一个记忆，它将展示不少真实的史实。弗雷泽在《金枝》一书中说过："一切理论都是暂时的，唯有事实的总汇才具有永久的价值。因此在我的种种理论由于丧失了用处，而和那些习俗及信仰一样承受废止的命运的时候，我的书作为一部古代习俗和信仰的集录，会依然保留其效益。"这席话令我坚信不疑，我也是按着这个方向走过来的。本书正是这样的践行记录。

目　录

一　故乡的无名河

每每想起童年往事，总忘不了当地的山、水和孩童时代的故事。

（一）村名来历

我出生于辽宁省辽阳市北郊半拉山子村。为什么叫这么一个村名呢？因为村南有一座山，我们叫南山，又叫半拉山，村子以山为名。这里还有一个历史传说呢！

相传宋代杨二郎曾在此抵抗金兵，金兵就驻守在一座山上。杨二郎久攻不下，他一挥钢鞭，把该山劈为两半，一半留在此地，山的东面像被刀削似的，西面为缓坡，故名半拉山，因以村名。另一半飞到边外去了，听说那里也有一座半拉山。

上述传说可能寄托一定的爱国之心，但并不可信，一来杨二郎并没有在辽东抗过金兵，二来即使传说可信，他的钢鞭也没有劈山之力。

据观察，半拉山是石灰岩结构，是远古造山运动的产物。又有一条小溪从山南绕过山东侧流向西北，说明河水对山的冲击也不小。记得小时候经常到南山前头的河里洗澡，发现河石上有鱼化石。1955 年我还从岩石上敲下两块鱼化石。后来在北京大学上乐森寻教授讲授的古生物学课，我还把两块标本送给乐教授，他很高兴，说："这是很完整的鱼化石，说明当时当地河水不小呀！"这些话更加深了我对半拉山成因的认知。

由于山体为石灰岩，山上没长过大树，但遍山长有灌木和杂草，主要是酸枣树和野榆树。春天人们都到山上采榆树叶，回来做汤。秋天则上山采酸枣，酸枣果实很小。南山也是村民玩的地方。大概 1935 年夏天，叔叔宋洁涵回乡，曾领大哥宋祥麟爬南山玩，哥哥还在山顶上拉了泡屎，叔叔夸奖他说："这孩子从小就在山上撒野，将来一定错不了。"当时东北已沦为日本人的天下，叔叔又常发表反日言论，日本人想抓他。据说他是跳窗户逃走的，自此一别就是十多年。

半拉山的妙用是可采石料，一是盖房子用石料打地基，二是能烧石灰，一烧就一发不可收拾，最后把整个半拉山都烧光了。

20 世纪 40 年代，山上还缺乏人工建筑，仅在山顶上有一个铁制的测量架，是日伪时建筑的。它已经随着日本人的垮台而消失。但是南山上的烧石灰活动却越搞越多，先是日本搞了两座石灰窑，运走了很多石灰资源。新中国成立后又建造许多石灰窑，把巍峨的半拉山炸平了，有些地方炸成大坑，形成水池。人们征服了半拉山，这似乎是征服自然的胜利，但是自然又报复了村民，炸药味、石灰末淹没了良田，侵蚀了庄稼，污染了河水，严重地破坏了村落的生态。更为严重的是，还诱发了疾病，使肺癌多发。

由于半拉山被夷为平地，该村的象征毁了。过去人们很远就能看见半拉山，但是现在半拉山没有了，村落标志也没有了。这是很可惜的，尽管还有东山、西山，但远不如南山具有象征意义。

（二）无名河

半拉山子村呈长条形，东西长，南北窄，有两条河把村子分为三个小村。一条河为东沟，沟东为东沟村，沟西为中街村。另一条河为无名河，河东为中街村，河西为河西村。东沟村较小，仅十几户。东边就是东山了，相当于辽东丘陵西部边缘，附近有沈家峪、魏家沟等村。东山地区多乔木，灌木也不少，每年秋后开山时，大家都去东山采榛子，过后就封山了。大家都约定俗成，家家遵守，所以生态较好，野猪、狼群经常出没。有一次几个孩子淘气，把五六只狼崽子抓来，扣在一个大缸内。这下可坏了，夜里大狼进村，又抓鸡又吃猪，寻找狼崽，弄得鸡犬不宁，民众不安。结果孩子只能把狼崽放了，但都弄瞎了眼睛。后来这些狼长大了，都一个咬住另一个狼尾巴，排成一列，孩子们都知道怎么回事。东沟水流量较小，是从东山上流下的溪水，夏秋多水，冬天干涸。在东沟村北有一个水塘，旁边有一水井和小龙王庙。有一次求雨就到了东沟村，还把水井淘干了，民众以为水井干了，龙王就会降下喜雨。东沟的水流入村中，水上还搭一个石桥，桥北有一个大水泡子。在水泡子东南角还有一个石砌的水簸箕，夏天有不少妇女在此洗衣服，小孩子在此打水仗，后来水簸箕也没有水了。

村中最大的河，因无名字，一般都称它为无名河，一年到头不断流。它发源于古燕州城北面的鸡冠山，经海家屯、朱家店而抵半拉山。河底为细沙，水较深，我们去对面耕作，必须蹚水过河。记得我小时候，村民都在清晨去河里汲水，认为河水香甜。入夏以后，河水变浊，就改吃井水了。雨季河水较大，有时发大水，把河西的高粱都淹了半截，仅有高粱穗在洪水中摇动。

静静的无名河，勾起我不少回忆。在我的孩童年代，有趣的去处有两个：一是半拉山，一是无名河。在河里的游戏可多着呢！有堆沙、抓鱼、掏蟹，冬天是滑冰。

无名河内有不少鱼、蟹、蛙，捉鱼是最好玩的。通常是洪水过后，鱼喜欢在岸边的树根下窝藏，这时用手摸鱼即可。鲫鱼最好摸，手一碰上它，它就挨在泥上一动不动，随便就可以捉住。鲶鱼很滑、好动，只有捉着鱼头才行。螃蟹都藏于土洞内，手要从洞上边伸进去，抓住螃蟹盖可顺利拿出来，绝不能让蟹爪子夹住。至于钓鱼、网鱼也是常有的，多半在水凉之时。还有一种是以帘子漂鱼。鱼有逆流而行的习性，用高粱秆或柳条编一个簸箕形渔具，两侧和后边略高，前面拴两条绳子，由两个人水中挽拉，另一个人在水上扶着帘子，让其逆水在水面上行驶，游鱼会冲到帘子上。扶帘者右手握着柳条，见鱼就抽打，一天也能捕几斤鱼，这种鱼都是白漂鱼。

捉鱼多半是集体活动，两三人，或三五人。记得我 10 岁的时候，曾跟随李殿尧下河摸鱼，从半拉山逆河而上，直到朱家店，没带任何渔具，仅带两根铁丝，摸到一条，就穿在铁丝上。最后足足摸了 10 多斤鱼，只是很累。当地农民，基本是旱鸭子，不讲究吃鱼，由于缺油，怎么煎鱼呢？我们捉鱼，娱乐多于食用。

在无名河两岸，都有成排的柳树，密集成林。记得小时候，柳树很大，直径有半米多，当时是很重视植树的，以便保护河岸，维护耕地；夏天这里又是我们乘凉的地方。还割取许多柳条子，作为编织原料。林中蘑菇也不少，俗称柳蘑，但是我们更喜欢在附近的地里采蘑菇。每年清明节过后，尤其是降雨之后，蘑菇如同南方的竹笋一样，从沙土地里冒出来，白刷刷的，一长就是一片。这些地方往往是柳树生长过的地方，树死了，根尚在地下，蘑菇即从这里生长。采蘑菇必须要赶早不赶晚，所以大人常将我们小孩叫起来。我们迷迷糊糊，提着篮子，拿着镰头，到河对岸，沿着地边俯身观看，一旦看见白色斑点，就是发现了蘑菇。一般来说，一个早晨采集一两斤柳蘑是常有的事。当然，在林中采蘑菇会遇到蛇，多数蛇不大，无毒，就是挺吓人的。

冬天也要去河里，主要是坐冰车、溜冰。冰车有两种玩法，一种较小，是坐着玩，两手各拿一个冰钎子，在冰上滑行，速度较慢；另一种是站在冰车上，两腿叉开，从腿中间往后拴一根长冰钎，可快速滑行。小孩做土冰鞋，一般是取一鞋垫式的木板，其下安根铁条或粗铁丝，两侧各拴两根绳，滑冰时，将其拴在鞋底子上，就可为冰鞋了，既可滑速度，又可玩花样。

在 1949 年前后，半拉山子村生态还是不错的，可谓山清水秀，土地肥沃。山上有木材、榛子、蘑菇，野猪经常跑到村内偷吃庄稼。大概是 1946 年秋天，我同二哥宋毓麟去铧子沟镇办事，走到我村与水泉村交界的田野时，有不少人正在割庄稼，只听人们高呼："狼来了，狼来了！"我们一看有六七只野狼，从西边往东山方向奔跑，速度不快，狼也不惊，说明狼群不怕人，我们也不紧张。这就是当时的生态环境。

（三）狗剩子

我出生在半拉山子村中街，是妈妈生的第二个男孩。我对一两岁的情况已经不得而知，只听说我两岁时差一点喂了狗。当时村内小孩闹嗓子，据说是白喉病，有 28 个小孩都病了，死了 27 个，唯独我活了下来。我妈当时还年轻，害怕死孩子，就请我姥姥到家作伴。她们认为我必死无疑，晚上地上放一堆谷草，把我放在草上，待我断气后用谷草捆起来，丢到野外喂狗。到了后半夜，我突然咳了两声，这下可给姥姥带来了喜悦，她对母亲说："看来嗓子咳破了，孩子有救了，快抱上炕，说不定一会儿要吃奶。"母亲按姥姥所说，把我抱上炕，果然，饿了几天的我，急寻奶吃。经过喂奶，我也转死为生，活下来了。这是怎么回事呢？原来死去的孩子，都是嗓子生包，活活被憋死了，由于我被置于谷草中，受地力湿气影响，促使我咳破了嗓子，于是也治了病，从而摆脱了死亡之途。

唯一一个小生命复活的消息很快传开了。有人说我命大，大难不死，必有后福。也有人说我姥爷是中医，有起死回生之术。还有不少人说我是狗都不愿吃的，所以应该叫我"狗剩子"。于是我常常被叫作"狗剩子"。当时久病刚愈，身体瘦弱，头骨突出，因此又把我叫作"兆佬子"。

我们家乡有一个风俗，小孩死了多用谷草包扎一下丢掉喂狗，男孩要扎三道，女孩要扎两道。1949 年，我有一个弟弟，长得很好，大家都喜欢，后来得白喉死了。由于已经 9 岁，用谷草包扎已经不妥，后改用棺材装殓。由于没成年，也不能入祖坟，所以把棺材运到南山脚下，没有掩埋，不久也破坏了。

小时候体弱多病，智力也欠开发，但常跟大人拨棉桃、捻棉条，有时也跟着大人捻麻绳，口里还说"乱麻不乱绳"。大人也说："看来这孩子也不傻。"我 8 岁才上小学，念了一两年就失学了，直到 1948 年才有进城读书的机会，从中学到大学。自 1955 年离开家乡，一直没回去过。直到 1992 年父亲在北京去世，我送骨灰回家一趟。这时半拉山已经被炸平了，半拉山子村也有名无实。无名河已经断流，残存的一点积水已经黑乎乎的，河岸的垂柳也不存在了，田地上布满了石灰渣，再也找不到我儿时的无名河了。清澈的河水，鱼虾漫游，柳林成荫，都已成了历史的记忆。残酷的历史车轮把美好的生态环境碾得七零八落。

二　家世变迁

（一）移民东北

我们家何处来？老人说是从小云南来的，但关于小云南有多种说法：一种认为是云南大理府祥云；一种认为是青岛和即墨县沿海地方；还有一种认为是安徽凤阳地区。我倒倾向于第三种。明朝为了防御边境，从各地移民实边，我们可能是从凤阳来的移民。

1964年在凤阳鹅房出土一件宋国公墓志，其中提到宋国公"高祖卜花，袭招谕奴儿干，征进三叉路有功，历升明威将军"。三叉即永乐所设撒察卫。《永乐寺碑》也提到"所镇抚宋不花"。宋国公为宋不花后人，与明初实边有关。宋国公后人有宋大、宋二。[①]《满洲八旗氏族通谱》有："宋时午，镶蓝旗，包衣，世居沈阳地方，天聪时来归。其孙宋二，现任六品官。"我们是宋大、宋二后人是肯定的。后来到半拉山烧石灰，才流落于此。

半拉山子村烧石灰由来已久。在我家河套地边有一小山包，称窑岗，它不是天然土岗，而是人工堆积的烧石灰的垃圾堆。王绵庆是奶奶的娘家侄，比较掌握历史典故，他对我说："我们村有三种人：一种是在旗的，满人；一种是汉人，我家就是；还有一种是窑上人。后一种就是你们家。专门给皇家烧石灰，石灰出来以后运往沈阳，沈阳故宫、东陵和西陵都是你

---

① 祖母说我家最早的人就是宋大、宋二。

们家的石灰。"后来实地调查，窑岗就是石灰窑故地，原有五六座窑，附近堆积石灰渣，大概清代就废弃了。

记得我小时候家里还有不少块地，其中一块就在河西岸边，又称"下坎地"、"岗下地"，其中所谓的"岗下"、"坎"，都指我们家烧石灰的旧址，该地距半拉山仅半里地，采取石灰岩方便，岗下又有一条清澈见底的小河，为烧石灰提供了水源。"岗下"下有二三十亩冲积土地，相当肥沃，据说是先辈开垦出来的。因此地下有许多老树根，雨过之后长出许多柳蘑，所以我们每天都去那儿采蘑菇。据祖母讲，爸爸、叔叔小时候经常在下坎地河边采蘑菇、拾柴火。

我们家本来有一个家谱，彩色绘制，供在祖先龛内。据奶奶说，家谱是叔叔念中学时绘制的。远祖称宋金龙，在本溪时的祖先称宋代宽，后来他因到半拉山烧石灰，就把本溪的200多垧土地租给本溪高家了。宋代宽的三代后人分别为宋余良、宋要德、宋全贵。宋全贵有两个儿子，其中一个叫宋克升，是我的曾祖，住在半拉山子河东，为普通农民，善于烹饪，因此给村里首富程五大爷当厨师。而他的兄弟依然住在河西。当时宋家有一块地，地上有一泉眼，流水不止，乡人都来饮水，把地踩坏了，他一气

之下，用木桩把泉眼钉死了。不久他也死了，但留下两个儿子。我的祖父叫宋恩友，二爷称宋恩祥。爷爷生三子一女，其中最小的儿子是宋万清，也就是绘制家谱的叔叔。

我家家谱字辈有一定排序，为金、代、全、克、恩、万、庆、玉、占、国诸字，我本属于庆字。但伯父采用新法，给我们起了新名字。

2-1　家庭成员合影

（二）祖母重整家业

我没见过爷爷，只听说他年轻时当过十年左右清兵，有点跛脚，在军队也是管做饭的，但人到中年就谢世了。据父亲说，爷爷去世时，叔叔才4岁，那年是1919年。奶奶没有名字，人称宋王氏。她结婚较晚，但很能干，吃苦耐劳，勤俭持家。她每天下地都提一个粪箕子，见柴拾柴，遇粪捡粪，自己一个饭粒都不浪费，但是遇到讨饭或有困难的人，她能扶危济贫，因而在方圆几十里都有好人缘。不过，孤儿寡母的日子并不好过。她在艰难岁月里，重整家业，有三件事名扬乡里：

第一件是持刀夺回河套地。宋家原来有许多土地，但都被人占去，或者租、典在外。其中最好的土地是河套地，位于无名河西岸边，南有窑岗。该土地有30多亩，土地肥沃，据说是老辈人在河套开垦的，唯一的缺点是常常在闹水灾时被淹没，不过存水期不长，对收成影响不大。但是这么一块好地长期为河西的同族人霸占，奶奶立志要收回来。有一年春天，河西的族人又去犁地了，共有两个人，还有一头牛。宋王氏腰间别一把短刀，前去说理，对方以为一个女子不能怎么样，继续犁地，宋王氏愤怒地说："冤有头，债有主，你们霸占了我家的土地，必须归还，否则我要白刀子进去，红刀子出来，那时你们就后悔莫及了。"说时迟，那时快，她冲向前去，把犁把师宋万仁刺倒在地，牵牛的小伙子宋万福也吓跑了。最后经过村民说合，河西宋家才还回土地。从此宋王氏名声大震，开始重振家风。

第二件是同本溪高承满打18年官司。原来我家祖辈负责为清廷烧石灰，曾获赐不少土地，先是在本溪烧灰，因此在现在本溪人民公园地段有200多垧土地。后来迁到半拉山子烧灰，本溪的土地无法经营，就由宋代宽租给了高家经营。高家从此家业扩大，成为本溪一富，而宋家却一代不如一代，人也窝囊。有一次宋某去本溪收租，不仅颗粒无收，连自己也被高家装进麻袋丢进本溪湖里，从此两家结仇。但宋家敢怒不敢言，一代代拖下来。奶奶嫁到宋家后，不畏权势，决定代表宋家出面同高家打官司。一个大字不识的农妇，还要走60里地去本溪城里打官司，谈何容易？但是奶奶从 1925 年开始，打到 1943 年，足足打了 18 年官司。其间受尽苦难，几经周折，最终高家败诉，宋家获胜。记得有一次我去舅爷家玩，还看到判决书的照片。由于当时土地已经被日伪征用，仅给了 2000 两白银。这笔钱，如果购买土地，可以买 200 亩，但是打官司借了不少钱，也典出不少土地，还完债后，钱也毛了，这场官司并没有什么经济效益，但得到两项精神收获：一是官司打赢了，争回了理，出了气，这是用金钱无法衡量的；二是奶奶在打官司过程中，由一个文盲变成了能读书看报的农村妇女。奶奶经常对儿孙说："打官司没文化不行，谋生也要文化。"因此她十分重视子女的教育。在民国初年那样的社会，一个普通农家把三个儿子中的两个儿子送进大学，卖地借债也要供儿子读书，这是有远见卓识的。

第三件是重视教育。宋王氏勤劳持家，平时总提一个粪筐、一把镰刀，捡粪是天天要进行的，也拾柴，就是遇见一节高粱秆也要拾起来当柴烧。回家也不闲着，每到冬天总坐在炕上，不是剥棉桃，就是挑选种子。我记事时，奶奶已经不做饭了，由三个儿媳轮流做饭。奶奶穿的都是旧衣服，尽管她勤俭至极，但遇到谁或谁家有困难，总是解囊相助，哪怕自己仅剩二升米，也要拿出一升接济穷人。有时在村内发现了走投无路的行人、乞丐，也给予必要的帮助。老人说扶危济贫是做善事，是会有好报的，这一点同她信佛有关。奶奶比较重视教育，她说："书越多读越好，只要能读书，卖房子卖地都应该。"

奶奶在家教中还有一个突出特点，就是重农轻商。奶奶常说："千生意，万贸易，不如翻土块。"认为挑八股绳的受人看不起。父亲就是有名的瓜农，经常种两三亩西瓜、香瓜，我们也跟着识瓜、摘瓜，我就在瓜窝棚住过，听刺猬来偷瓜，当然我们也有打刺猬的方法。瓜熟蒂落之时，通常是批发，或者人家赶车来买瓜，或者有人来瓜棚采购，但绝不出去销售，宁肯把瓜烂在地里。有一次我们几个孩子提着瓜、拿着秤，到街上叫卖，效益可想而知，奶奶对此并不在意，但对我们出去卖瓜十分不满，说："你们不是卖瓜的料，下次不要去了。"至于做其他小买卖，更不能在我们家发生，但种庄稼可以。

我的父辈有兄弟三个，老大宋万春，号耕久，东北陆军讲武堂毕业，学医的，后来在东北军任少校军医，这在当时乡间已是一个不小的官了，但是英年早逝；父亲宋万德，行二，本来是龙凤胎，父亲存活，其妹夭折；叔叔宋洁涵，行三，又名宋万清、宋石平，后经东北大学而加入八路军。按农村习惯，哥仁有两个外出，必须留父亲持家、务农。此外还有一个姑姑，嫁给大范屯范家，中年早逝。半拉山地处沈阳、本溪和辽阳之间，历来为兵家必争之地，谚语说："好过山海关，难过半拉山；雁过要留毛，人过瘦一半。"听起来够吓人的。从行政区划上说，半拉山归辽阳县铧子沟镇。大概哪里有压迫，哪里就有反抗吧！在日伪政权的残酷统治下，辽阳北（即今天的灯塔市）出现了两位杰出的抗日斗士：一个是东北抗联的李兆麟将军，家住铧子沟镇荣官屯；一个就是家叔宋洁涵，在太行山打鬼子。两个村相距四公里，叮谓小同乡呢！其实两人还有点亲戚关系，叔叔的"一担挑"（连襟）李春荣就是李兆麟的堂弟。有一次李春荣到我村串门，还对我讲述了不少李兆麟打鬼子的故事。但是叔叔与李兆麟并没有直接联系，他在关内走了另一条抗日救国的道路。这要从我们的家史谈起。

（三）伯父

在我的记忆中，没见过伯父，他是否见过我，已经不得而知了。从我记事起，知道他本名宋万春，是学医的，毕业于东北陆军讲武堂医科，毕业后任东北军独立第14旅少校军医，驻扎北平。有关伯父的事，只记得几件。

听说伯父的收入是较多的，月薪60银圆。他曾提出让奶奶把家产卖了，全家迁到北平，可以用卖土地的钱去北平购一处房产，父亲可当个小学老师谋生，他再接济点，在北平生活是不成问题的。当时叔叔也在北平读书，毕业后也可以养家糊口。伯父的提议遭到了奶奶的反对，她认为家乡有不少土地，依此可以为生，搬到北平可不是小事，人口那么多，怎么生存？实无把握。再说，当时日本入侵东北，战事此起彼伏，乡间总比城里安全，俗话说："小乱住城，大乱住屯。"当时正是大乱之年，还是在农村较稳定，从而否定了举家外迁的主意。父亲的看法呢？似乎有点两难，既认为是个好主意，但他又是一个孝子，结果还是同意了奶奶的主张。后来发生了卢沟桥事变，迁家也就不可能了。

伯父有两个妻子，一个是原配，称宋李氏，娘家是本村河西李家，就住在河边，我还去过。记得她有一个弟弟，育有一儿一女，女儿跟我年龄差不多。伯母还有一个姐姐，称刘李氏，家住荣官屯，土改时划为小地主，有一子一女，儿子叫刘春彦，学冶炼技术的，是耐火砖专家，后分配到北京钢铁研究院；女儿叫刘春荣，是学医的，后来在哈尔滨第一医院工作。后来伯父又娶一妻，伯母当然无可奈何，这对她的刺激是可想而知的。伯母生了两个女儿，大女宋冷秋，1946年参加革命，在辽南活动，后到卫生部出版社工作，丈夫李万清；二女宋冷涛，也在1946年参加工作，先后在辽阳、丹东工作。伯父的第二个妻子叫吴祖芳，是保定人，生一女，小名叫宋小月，大概比我小一岁吧。大伯母曾带两个女儿到北平住过九个月，后来不习惯就回东北家乡了。

对于一个农家而言，出了一个少校军医，应该是一件大事，给家庭带来了希望。最早得到实惠的是叔叔，他随伯父到北平读书，先是东北中学，后是东北大学。但是好景不长，有一年叔叔暑假回家，再去北平，二伯母告诉他，伯父已经去世，他还去坟地看了，已经长起茅草，据说伯父是得痨病（肺病）故去的。伯父死得太突然了，给宋家留了一个谜。后来就是东北沦陷，叔叔到根据地了，家乡同北平失去了联系，竟有14年之久。奶奶是不相信伯父会死的，她总是说："万春还活着，总有回来的一天。"日伪时期，老人有两个儿子在外，只有二儿子在家，也够老人伤心的。她说长子没死，别人当然也是这么说、这么想。记得伯父留下不少医书，有中文的，也有日文、法文的，一直保留在伯母的箱底。后来叔叔回来了，伯父却没有回来，看来确实故去了。他留下的书，也被人拿走了，当时我们还不懂。

我们家由于缺乏经营，长年打官司，青壮年忙于读书，家境每况愈下。原来有不少土地，叔叔参加革命时还算"小地主"。到新中国成立前，家有十来口人，仅有 34 亩地。土改后定为"下中农"，分给我家 10 亩地，奶奶还不想要，怕没人耕种。我家败落，还有一点能反映出来，就是没房子住，总是租房子住。我刚记事时，我家住在李殿绪家，不过一间半房，居住条件十分艰难。日伪时期搬到东大门程五大老爷家，有两间半房，居住条件有所改善；解放战争期间搬到前街程玉理家，依然两间半；土改后分到地主王玉信家三间东厢房，住两三年后就搬到后街一个三间房院落，这是我外祖父家，他们死的死，走的走，把房子卖给我家了，一直住到今日。

三　小孩最爱过节

　　回忆孩提时代，还是有不少苦楚的，如天降暴雨，还要赶牲畜上山放牧；睡得正香时被叫醒，去无名河边采蘑菇；饿得难熬时，妈妈以"欢喜团"来充饥，等等。但是孩提也有期盼，最大的愿望就是盼过年、过节，为什么呢？无非是两条：一是节庆热闹，是孩提最开心好玩的日子；二是过节能吃到节日食品，事实上节日也是改善生活的好时候。现在举几个例证。

（一）二月二求雨

　　我们睡醒起来，发现从屋里水缸旁开始，出房门，又经过院子，直到井边，洒了一条白灰。这是大人洒的，他们说白灰象征龙，洒白灰是引导龙王从井里到家，保证一年到头都有水吃。有的家庭还以木棒敲打房梁，俗称"敲龙头"，唤醒睡眠中的龙，为人间拨云降雨，以佑丰年。早饭吃春饼和馒头，略有改善。这也有一定的说法，认为二月二以后就惊蛰了，百虫复生，毒蛇蠕动，往往给人们带来灾害，烙饼吃，读为"捞虫吓"，具有驱鬼之意。妇女以绸子、彩纸剪成鸡形，挂在门楣或墙上，认为可以驱除蛐蜒，防止虫蚁。白天妈妈要给孩子剃头，认为此日"剃头"与龙"抬头"同音，有吉利之意。晚上在房内屋脚等阴暗处点油灯，也是防止虫类进犯。

　　我家地处辽东丘陵边缘，东为山，西为平地，一般怕旱不怕涝，雨水

3-1 少年时期

大，洪水多，均为山洪，但水过地皮湿，很快就过去了，不会形成涝灾。但怕"山笑"，那样洪水就大了。最怕旱灾，一旦发生干旱，往往造成歉收。

在东沟有龙王庙，有庞大的水泡子，半拉山子村求雨必去龙王庙前。求雨前有一定禁忌，如不吸烟，不喝酒，要沐浴，行禁欲。求雨那天，不能戴帽子，要戴柳条圈。每人举一个纸旗，其上写有"沛然下雨"。路过庙宇、井泉，必烧香、叩头。求雨队伍浩浩荡荡，有的打旗，有的捧水瓶，瓶内插柳树枝，还不断蘸水挥洒。各户门口要放水缸或水盆，内放柳枝，主人可以用水泼队伍。到了龙王庙，要诵经、烧香上供，全体人员向龙王叩拜，祷求龙王降雨。接着，几个年轻人用木桶把泉水打出来，直到泉水干涸为止，认为泉水干了，龙王也没水吃了，必然挥云降雨。作为孩子，我们跟着起哄，又感到很神秘，连大声出气都不敢。

当地有谚语说："有钱难买五月旱，六月连雨吃饱饭。"认为六月不能旱，百姓说："天旱不过五月十三。"因为庄稼生长需要雨水，一旦天旱过了五月十三，也要举行祈雨活动。

（二）四月八庙会

四月八日据说是佛祖生日，实际佛祖生日在二月八日，但农村多过四月八，而不过二月八。东北农村喜欢逛娘娘庙会、虫王庙会、城隍庙，但半拉山子村，仅有一个关帝庙，没有上述庙宇，一般不过上述庙会，过四月八，庙会也到外村去，主要有两个去处：

一是拉子寺，位于半拉山子村北边，约一公里。东临三家子村，西有三块石村，北为古术子村。该寺也以山命名。在村西有一座山，形如鱼背，从前往后，修建有许多寺院，工程浩大，宏伟壮观。清代时香火很盛，连沈阳的香客都来烧香。我们上辈人都去过。但民国以后庙宇破坏，僧侣也走了，香火远不如前。1944 年，曾有几个僧人想重整寺院，化缘集资，开始修庙，还让半拉山子小学学生去拔草、种树，我也去了，趁机看了倒塌的寺院。僧人还给每个学生一元钱。

一是双龙寺，位于半拉山子村西边，约两公里。寺院就在山东坡上，庙虽不大，但建筑小巧，香火极盛。除拜佛外，还有各种民间杂耍、二人转表演，也有不少小商贩，兜售玩具和小吃。我去过两次。"文革"时双龙寺被毁掉，庙会也取消了。

（三）端午节抓蛤蟆

五月端午是乡间的大节。小孩最爱过端午节，因为每年端午清晨，自己还在睡梦中，妈妈就把煮熟的鸡蛋塞在被窝里，身体一接触鸡蛋就被烫醒了，便迅速爬起来。吃鸡蛋是过端午的头一件大事，据说这样可使身体强壮，百病不生。同时吃粽子，还讲述屈原的故事。

我们小孩还有一项活动，趁早到河塘里捉一只青蛙，谁捉到谁吉利，这对我们农村孩子来说不费吹灰之力，都会跑回家里报喜。然后大人拿一块墨，塞到青蛙腹内，把青蛙吊在房檐下，阴干后就是"蛤蟆墨"了。如果谁患了浮肿病，或者轻度浮肿，就用蛤蟆墨磨成墨汁，涂于患处，不久就会消肿。

至于人们如何过端午节，当天吃粽子是老人的一种说法，再说东北人多为"旱鸭子"，我们山区不会划龙舟。我们对端午节有自己的说法，认为端午那天为五五双毒日，空气很毒，弄不好百病发作，给人带来灾疫。因此，在端午前夕，成年人都到山里挖艾蒿，到水池里摘菖蒲，还从桃树上折桃枝，然后挂在门上避邪，据说鬼见到就退步了。也有些人以彩纸剪成葫芦形，挂于门窗之上，这是建筑性避邪。小孩则在手腕上拴彩线，称为

"长命索"。有钱人家,姑娘必戴用帛扎的小荷包、布猴和鲜桃,在这些装饰物内还放有丹砂之类的名贵物品。一般女孩则在胸前挂一件麻匹拴的扫帚,认为可扫除各种毒气,能治百病。讲究的家庭会酿一坛雄黄酒。

(四)八月节吃月饼

农村也过八月节,实为中秋节。"八月十五月亮圆",当夜幕降临时节,家家在院内摆上供桌,其上有香炉、水果、月饼之类,据说这是给月亮上供,祷求月神保护。有些家庭还从城里购来月亮玛子,即月神年画,供后就焚化了。小孩最关心的是月神"吃"剩下的月饼。我们家较穷,很难有钱买月饼,更说不上吃月饼了。但是外婆家比我家强,外祖父是中医,在十里河镇一家药铺当坐堂医生,手头有点零钱,每逢过八月节都回家,带一两斤月饼,除本家用外,也送给女儿一两块,这样我们也有月饼吃了。我家孩子多,每个孩子能吃上四分之一就不错了。当时家里缺乏油水,又没糖吃,觉得月饼特别好吃,总吃不够。后来每逢中秋都要吃月饼,很想把孩提时代留下的遗憾补回来。

(五)过小年祭灶

腊月二十三本是祭灶日,由于快过年了,又称过小年。当天白天没什么事,但要买一点糖,我们称芝麻糖。同时劈一些高粱秸,以其皮扎一匹马,再扎一个人,据说这是灶王爷和他的坐骑。晚上,在灶前点燃香火、蜡烛,因为灶神就供在锅灶上方墙上。爸爸跪在灶前,在灶膛烧纸,还有高粱秸扎的灶王和马,他念念有词:

> 灶王爷,本姓张,
> 骑着马,挎着枪。
> 上上方,见玉皇,
> 好话多说,歹话少说。
> 回来多带财宝还。

据说烧灶王年画是送他上天述职，然后取若干关东糖，在灶口上抹一些，表示给灶王吃糖，请他多说甜言蜜语。墙上的灶王年画也取下来，放在火里烧了上天，除夕再贴上新的灶王年画，迎灶王下界。

乡下规矩，祭灶是男人的事，女人是不介入的。自己是男孩也沾了光，可以跟爸爸都跪于灶前当陪祭，因此对祭灶印象很深。但当时只感到神秘、好玩，而且能吃到芝麻糖。后来年龄大了，爱"打破砂锅问到底"，向大人问："为什么祭灶？"大人说："玉皇是最大的神，灶神是玉皇派到家里的，保护家庭安康。腊月二十三灶王和其他神都回天上，向玉皇报告。所以我们要送灶王上天。"灶神年画上也写有"上天言好事，下界保平安"，横幅为"天下平安"。

村里满族在腊月二十三立"灯笼竿"，到明年二月二取下来。

（六）除夕过年

每年最后一天为除夕，是过年的日子。为此要做不少准备工作。

首先是办年货。每年秋收后，大部分粮食交"出荷"，口粮入仓，再有点钱是买布，做衣服，准备过冬。一般是大人衣服改小孩衣服，旧衣服改为新衣服。有一次姥姥给妈妈一件料制衣服，妈妈给大哥改做一件上衣，我看了挺生气，闹了半天，妈妈说："以后给你改一件，先来后到嘛！"这是我同妈妈闹的唯一一次不快。由此看来，改制衣服不一定花多少钱。办年货可要花钱，必须精打细算，事先必列一个年货单子，包括红纸、年画、挂笺、香、蜡、红糖、冰糖、红枣、花生、鞭炮、灯油等。半拉山子村是自然村，没有一家商店，必须到铧子沟镇选购。如买完年货还剩余钱，可以买两个烧饼给我们小孩吃，这就是解馋了。

其次是做年饽饽。所谓年饽饽就是熟食，有窝头、豆包、冻豆腐，做好以后，放在大缸内冻上，作为储存食物。因为从年初一到初五都不动烟火，或者不能做主食，就取年饽饽充饥。

除夕白天较忙，做的事较多：一是贴神像、贴年画、贴对联、挂挂笺；二是孩子们穿新衣；三是成年人为祖先、天地神和灶神设供牌和供桌，烧香上供，据说这是安神。灶神就贴在锅台上方的墙上，以新补空。我家有一个祖先供架，类似小房子，内挂一纸，列着历代祖先名字，有点像山东年画中的祖先牌位。

天黑以后，全家吃团圆饭，外出未归者也摆一个饭碗、一双筷子，象征他们也与家人一起过年。菜是较丰盛的，年成好必有白片肉、鱼肠和各种炒菜。饭后孩子参与下棋、玩升官图、抓子等活动。年长妇女则包饺子，准备午夜之后的年夜饭。

午夜以后，在院内摆一供桌，有香、蜡和各种供品，由家长主祭，男孩陪祭，我们跪在供桌前，请诸神归来。一般要根据历书所载，喜神在什么方向，就向什么方向叩头。有时还向喜神方向走去，打着灯笼，此举称为"迎神"。我从七八岁参与迎神活动，大人怎么说就怎么做，不能造次，只感到神秘、恐惧。

迎过神后，撤了供桌，回到屋里，让孩子们分食供品，这是小孩最关心的。家里要煮一锅饺子，每人吃一点，这是真正的年夜饭。在有些饺子中，还包有红枣、花生、铜钱，谁吃到了谁有福气，并根据饺子里的物件，推测其命运如何。小孩子们要向长辈叩头，长辈则向晚辈发压岁钱，欢度新年，其乐融融。

四　鬼子的哀鸣

　　我出生于半拉山子村中街。当时故乡已经被日本人占领，由于太小，不懂政事，大人也不敢讲政事，并没有人告知我是中国人，以为自己就是"满洲国人"，从小当了亡国奴。

　　从记事起，似乎社会比较平静，仅在无名河边看见过一队日本骑兵在河滩休息，骑着高头大马，皆为军装，以饭盒煮大米饭吃。从这些马匹看，像中亚的大马，不像蒙古马。平常看不见日本人，只有一个警察所，坐落在关帝庙旁边，就在水簸箕附近。据说警察所是管社会治安的，还要催交"出荷粮"、猪血粉等物品，其他几乎不管什么了。

（一）出荷粮

　　家乡是一个农区，农民都靠种地生活。就以我们家来说，是一个大家庭，有一片河套地，30多亩，由于地挨无名河，尽管肥沃，庄稼好，但经常闹水灾，收成可想而知。农业收成主要是糊口。日伪时期，我家上辈有奶奶宋王氏；中辈有父亲、母亲，伯母宋李氏、婶母宋李氏。伯父宋万春病故在北平，叔叔宋万清在关内生活，也不知去向；小辈人不少，伯母有两个女儿宋冷秋和宋冷涛，小学刚毕业，父亲的子女有哥哥宋祥麟、我，还有一个女儿宋冷梅，婶母有一个儿子宋毓麟。应该说多为家庭妇女和孩子，只有父亲一个劳动力，种地养活全家，极为困难。

　　当时家里种30多亩地，主要是高粱、玉米和黄豆，哥哥已经会扶犁，我年龄小，只会播种。到秋天能收五六千斤粮食。但这些粮食主要是交出荷粮，相当于现在说的农业税吧。出荷地点是铧子沟粮仓，各家交各家的，仅发一张收条，留有存根，如果不交则要吃官司。农民都是老实人，谁敢违抗？以我家为例，五六千斤粮食，要交出荷粮 2000 斤，占总产量三分之一。我家要装 20 袋粮食，每袋 100 斤，驴车运到铧子沟镇。有一次我也去了。铧子沟粮仓很大，有日本兵把守，仓内粮食林立，有的仓已经封顶，有的正在装粮。仓上搭一个跳板，交粮者必背一口袋粮，从跳板上去，把粮食倒入仓内，惊险至极。附近还有狼狗看护。剩下的粮食仅够一家人吃半年，常言说"半年糠菜，半年粮"。我们就过着这种日子。没粮食怎么办呢？采野菜充饥，如各种野菜、榆树叶等都是充饥之物。伯母喜欢做一种"欢喜团"，那是把各种野菜煮了，搓成菜团子，然后桌子上撒一层高粱面，用菜团滚一遍，这样在野菜团外有一层高粱面，蒸熟后食之。它是苦涩的，并不好吃，但能充饥，所以命为"欢喜团"。对橡子面，已经是可望不可求了。至于大米、白面，我们是不能吃的，否则会成为经济犯，不是坐牢就是掉脑袋。我记得除夕给祖先上供要好吃的，也不能用大米、白面，其实也没有大米、白面，而是偷偷弄一点"精米"做一碗米饭上供，这就是最大的孝心了。"精米"就是旱稻做的米。

日本除了大肆搜刮出荷粮外，也公开掠夺中国的矿业资源。铧子沟是著名的煤矿，远在唐代已经开采，清朝一度禁采，后来又开采起来了，规模较小。"九一八"事变后，日本占领了煤矿，规模扩大，工人不下 4000人，其中有不少国民党和八路军官兵。日本从铧子沟运走了几千万吨煤，但矿山经常塌方、瓦斯爆炸、疾病流行，给矿工带来巨大灾难。当时日本对死几个中国人是不当回事的，矿难死者往往被丢之荒野。在农村也一样，当时流行一种"霍利拉"（霍乱），日本没有办法医治，就把生病者活活埋掉，惨无人道。听说日本投降后，还不肯交出煤矿管理权，矿工、地下党朱天民组织东北抗日民主联军独立第四大队，经过各种努力，夺回了煤矿管理权。

（二）叉蛤蟆

1945 年秋，好像天塌地陷似的，谣传四起，人心惶惶，有的人从城里逃往乡下，有的人又跑到城里探听虚实，不久传出："日本投降了！"对大人来说，他们喜出望外，特别是我们家，伯父、叔父都在关内，已有 14 年没有音讯，奶奶说："这回该回来了。"她那望儿欲穿的双眼，已经斑白的两鬓，都热切期盼着游子团聚。对于孩子们，心里并不明白事变之大，而是跟着大人凑热闹，久而久之，才知道自己是中国人，原来的"满洲国"是日本侵占后建立的傀儡政权，我们小小年纪，也开始扬眉吐气了。

日本投降了，他们在沈阳设的不少仓库也没人管理，国民党没来，共产党也没来，苏军又插手不得，于是许多仓库被抢。听说沈阳有仓库可抢，半拉山子村也有人去了，但没赶上"好机会"，扫兴而归。

但是日本是不会甘心失败的。东北的初秋，已是青纱帐起，野外除了庄稼没别的。当时相传日本鬼子不甘心失败，正在沈阳顽抗，端着刺刀，见中国人就叉，称作"叉蛤蟆"。我们村人听后并没有被吓倒，许多青壮年都准备家伙，准备自卫。不知哪位知情人说："在警察所后院，当年日本人把收缴的矛头埋在地下，应该挖出来发给大家。"人们一挖，竟挖出几十把武器，有刀、矛、叉等，由于常年埋在地下，已经生锈了。我看了挖掘的全过程，并从中选取两件矛头，回家磨亮，安上木柄，作为防身武器，心想"一见日本鬼子来叉蛤蟆，我必同他们拼命"。压迫越甚，反抗越猛。我第一次看到人们反抗的怒火。

（三）哀鸣之声

左等右等，"叉蛤蟆"只是传说而已。不久从南方即铧子沟方向来了一队日本难民，足有上千人，有男有女，有老有少，还有孕妇和孩子。听说这是沈阳县城和铧子沟煤矿的日本人。由于逃难，每人都轻装行进，没带多少东西。这支队伍抵达我们村时已经太阳偏西了，他们决定停下来休息，露宿街头。说来也奇怪，原来他们凶神恶煞似的，在城乡横冲直撞，杀人放火，现在却蔫了，谁也不敢离队一步，生怕中国人把他收拾了，当然也不敢拿很多东西，怕中国人抢了，不过有些年轻的日本人却不服输。记得我们在东大门门口曾同日本鬼子理论，说他们过去作恶多端，才遭此报应，有些老年日本人点头称是："我们要好好反省，对不起！"个别年轻人则怒气冲冲地说："没什么，十年后我们还会打回来的！"本来，是你一言我一语的舌战，小日本这句话引起了本村小伙子们的愤慨，纷纷口诛之，有的说："你就缺揍！"有的说："今年你能不能活到头还难说呢！等不了十年了！"年龄大的日本人倒乖巧，或者狡猾，急忙拦住他们的小伙子，说道："他不懂事，对不起了！对不起了！"当时听了小鬼子的狂吠，既令人愤恨，又毛骨悚然，蛇虽僵而心未死，他们还要卷土重来呢！当时我年纪已不小了，个子虽小，心里有数，暗暗地说："中国应该强大，不然日本鬼子还要侵占中国，让我们当亡国奴。"

天黑以后，村民就散去了，日本难民们都在路边过夜，第二天黎明时分就往东北方向走了。大概是奔三家村，经柳河子往本溪、安东（后改称丹东）方向去的，沿朝鲜半岛东渡日本，路漫漫，行期长，途中少遭不了罪。

有些好奇的村民，到日本人"下榻"的路旁转悠，除了烧饭用的灰烬、垃圾之外，并没有什么发现，但是在马路北头的水泡子放水桥下，有一个刚生下的死婴，原来是一位日本孕妇生下的。是难产而死，还是人为溺婴？人们也无从知道了，善良的村民都为死者叹息。这些日本人也是平民百姓呀，何罪之有？都是好战的日本军国主义者造的孽。

我的童年是在日伪时代度过的，在农村也没什么文化生活，直到八岁的时候，我才进半拉山子村小学读书，智力低下，又贪玩，在学习上比较滞后。除了日本课本之外，开学时必须祭孔，这给我很深印象。日本投降后，学校停办了。我们村成了八路军与国民党的拉锯地区，我也失学在家，主要是种地、放牲畜，生产实践对我启发很大。

五　叔叔抗战归来

我对叔叔的认识，起初是从长辈的言语中形成的。

我出生时叔叔已离开家乡。关于叔叔的童年是听父亲口述的，父亲说，那时候家里很穷，一个母亲带四个孩子，虽然有几块土地，但多半典出去。一年收成只能勉强糊口，伯父又在外读书。在这种情况下，叔叔从七八岁开始，就下地劳动，背柴挑水，屋内院外，忙忙碌碌。大约九岁才上小学，是在本村念的，但村内无高小，必须到三公里外的吕方寺念高小。据父亲说，由于年龄关系，必须念高小二年级，但叔叔基础差，考不上，由父亲代考才上了吕方寺小学。

"九一八"以后，家乡沦为日本的殖民地。当时伯父在东北军任少校军医，与家乡失去了联系。该年年底，伯父随军赴济南从事公务，他捎信让大伯母宋李氏带两个女儿——冷秋和冷涛，由叔叔陪同，先到天津，后至北平，住在老东安市场东四流水沟，是租的民房，作为临时探亲的住所。叔叔进了东北难民子弟学校，校址在北海麻花胡同，相当于中学，后来改为东北中学。1932年秋季，伯父患肺结核，这在当时是一种最可怕的疾病。大伯母及两个女儿，又由叔叔陪送回老家。不久，传闻伯父在保定去世，家人听了悲痛至极。但奶奶是一个很坚强的人，说："人的命，由天定。这也是没有办法的事。现在家里再穷，也要准备盘缠，让万清去保定探个虚实。"这是叔叔第二次进京的原因之一。

　　第二个也是更重要的原因，是不堪日寇的欺压。这次叔叔回乡下，家乡已在日本人的占领下实行殖民统治，他看在眼里，恨在心头，经常在村内公开发表抗日救国的言论，乡民记得的有"日本鬼子在东北是兔子尾巴长不了"，"国民党不抵抗，老百姓应该抵抗！"这些言论被村里的汉奸告发了，住在铧子沟的日本兵要来抓叔叔，他的二大舅子多方贿赂，拖延时间，同时劝他三十六计走为上计。听说他提着一个布包袱，当天赶到沈阳，第二天就进关了，摆脱了日寇的追捕。

　　叔叔先去保定，找到了二伯母吴祖芳。人去茶凉，吴祖芳并不热情，她领叔叔去看了伯父的墓地。地点在保定城外第十九洞口。据叔叔说："没有墓碑，人死不久，怎么坟上都长草了呢？"他将墓地位置画了一个草图，寄给奶奶，再加上他上边的疑惑，奶奶也不相信大儿子就这么走了，还有一说认为伯父是为了摆脱大伯母的纠缠而故意散布死亡之假讯。无论怎么说，不相信死亡乃是淡化失去亲人悲痛的一种良方。

　　此时，东北沦陷，叔叔有家难归；伯父去世，又使他失去了经济来源。据叔叔后来说，那几年是他经历的最困难的岁月。1933年他在东北大学附属中学读书，校方虽然有一点接济，也无济于事，每餐能啃两个烧饼就很满足了，衣服是其他同学支援的。据当时跟叔叔同学的乌兰说："洁涵在附中很活跃，关心国家命运，积极抗日，我们都很敬重他，把他看作是青年人的榜样。"1935年叔叔考入东北大学经济系。当时叔叔积极参加学生运动，包括最大规模的"一二·九"运动。我从该运动的参加者口中得知，叔叔是东北大学最活跃的人物之一，带头游行，呼口号，在卧轨行动中也是最勇敢的一个。

　　后来叔叔步行至太行山，参加了抗日队伍。1937年任太谷县游击队队长，活动在太行山与平汉铁路之间，从事抗日活动。

　　后来查阅报刊才看到，1945年8月9日毛泽东发表日寇投降声明，次日朱德颁布第二号命令，称"一原东北军吕正操所部由山西、绥远现地向察哈尔、热河进发；二原东北军张学思所部由河北、察哈尔现地向热河、

忆宋洁涵叔叔

宋兆麟

我的父辈有哥仨个，老大宋万春，号耕久，东北讲武堂毕业，学医的，后来在东北军任少校军医，这在当时乡间也是一个不小的官了，但是英年早逝；父亲宋万德，行二，本来是龙凤胎，父亲存活，其妹夭折；叔叔宋洁涵行三，又名宋万清、石萍，后经东北大学而入八路军。按农村习惯，哥仨有两个外出，必须留一个持家、务农。因此父亲终身务农。此外还有一个女儿，嫁给大范屯范家，中年早逝。

5-1 《宋洁涵纪念文集》书影

辽宁进发"。当时叔叔任山西安泽中心县委书记、太捷二支队政委、八路军安泽独立团政委，由于是东北干部，也成为首先进军东北的干部之一。记得1977年我单位请历史学家巩绍英主持通史陈列，我同巩先生经常聊天，从中知道叔叔鲜为人知的一段历史。巩先生说，日本投降后，党中央抽调东北干部先到东北开展工作。当时叔叔是团政委，巩绍英任教导员，两人是搭档呢！后来我问叔叔，他说确有其事，还说巩绍英好学，是"红色书呆子"，他在向东北行军过程中，还在驴背上看《史记》呢！此事受到毛主席的批评。两人到东北后就分手了，巩绍英赴四平市任副市长，叔叔到辽南任辽阳县委书记，正是在此期间，他才回家乡看看。

1946年春，国民党军队已经进入东北，占领许多地方，叔叔也向南撤退，此次带走了大姐宋冷秋、二姐宋冷涛、大哥宋祥麟。国民党三月占领沙岭，五月占领本溪，不久占领丹东。当时大哥、二姐为军大学员，乘木筏到朝鲜新义州，军队司令为肖华。大哥、二姐本来欲去哈尔滨上东北大学，中途改进延吉军大，此后再无信息，直到后来辽阳市领导去军队慰问，才知道大哥、二姐尚在。

当时国民党四处抓人，为非作歹。父亲怕国民党迫害，又把二哥宋毓麟和我送到山区老君峪村大姨家。该村距我村四公里，除了头顶上能看到天外，四周全是大山，又不让我们出门，把我们闷死了，没住两天就偷着跑回来了。其时正是初春，大地已经开化了，地很泥泞，我们深一脚浅一脚，费了很大劲才进村。当时村内死一般的寂静，令人生畏，后来才听说，前天有一伙国民党便衣密探进村，先在村公所聊天，探听情况，正在此时有两个年轻的八路军战士，倒背着步枪，也进入村公所。一个在明处，一个在暗处，一伙有备，一伙无防，谍报突然开枪，击毙两位八路就往沈阳方向跑了，等铧子沟八路军大部队开来，为时已晚，只能把尸体运走了事。解放战争期间，我村是一个拉锯地区，敌我双方你来我往，但这是发生在我村的唯一一件流血事件。

据说，辽阳县委班子在辽南进行游击战的过程中，曾遭到严重损失，牺牲了几位领导同志，队伍也在岫岩被打散了，包括我家的两位：一位是大姐宋冷秋，后以青年学生名义，回到老家，没住几天又由地工领回部队。当时的地工多深夜到我家，从鞋帮上取出一个小纸捻，打开后是叔叔的亲笔信，父亲才相信。另一位是婶母贺瑛，她带女儿晓绿先到辽阳，住在朱济民家（亲戚，后任辽阳市长），并捎信让父亲去接。当时国民党对城乡控制很严，特务很多，到辽阳县城要经过不少关卡，这是很危险的。父亲说："弟妹有难，不能不管。"他还找了铧子沟镇镇长李树章，他是半拉山子村人，是一位两面镇长，对我家不错，还给父亲开了路条。父亲是同李殿昌赶着马车去的，头天去，第二天回来，据说也过了两个关卡，但国民党士兵认钱不认人，只要钱到手就放人。婶母在家住了半个多月，后来地工带信来了，但信是用一种化学药水写的，浸在水中才显出字来，看过后就用灯火烧了，事后地工同婶母回到了辽南解放区，这是1946年冬天的事。当时，叔叔在岫岩用望远镜观察敌情，晚上住王家堡一农舍。国民党先投手榴弹，室内住三人，二人从门出去被俘，唯有叔叔跨墙逃出，但耳朵被震聋了。事后叔叔一人一枪，边打游击边南撤，并押着黄金等给养。抵大连后肺病发作，治愈后才重返战场。1947年7月重任辽阳市委书记，兼辽南一地委组织部长。

1947年夏天，八路军又回来了，国民党军队变得无影无踪。这一年我印象最深的一件事是镇压"老北风"。

当时在铧子沟有一股土匪，为首的是"老北风"，本来是一个屠夫，后来笼络一伙地痞流氓，打着八路军的旗号，横行乡里，奸淫烧杀。妇女不敢上街，商铺不能开门，"老北风"还把杀的人头挂在铧子沟街上，实行白色恐怖，弄得人心惶惶，谣言蜂起，给八路军抹了许多黑。据说叔叔听到铧子沟出现这伙恶棍，十分气愤，决心铲除之，并由辽阳市铧子区主持宣判大会。我也参加了大会。会场人山人海。开会前，区长康启等赶到会场，宣布公审大会开始，于是把"老北风"押上来，由区长宣布"老北风"假八路、真土匪的种种罪行，最后宣布判以死刑。群众无不拍手称快。这时有两位妇女还冲向跪在地上的"老北风"，用剪刀剪掉了他的双耳！据说她们是受"老北风"欺辱者。接着把"老北风"拖到磨石山脚下枪毙了。这次公审长了共产党的威风，灭了土匪的嚣张气焰，使我开始看到共产党是为人民办事的。

秋后，国民党军队又打来了。八路军第二次向辽南撤退，由于我家是"八路窝子"已经名声在外，受到的压力很大，父亲、二哥都随八路军南下，我虽然未成年，但已经是家里最大的男子了。我的任务主要是看牲口，护庄稼。说起来祸不单行，家里不仅挨了国民党飞机的轰炸，有一匹骡子突然得了肠梗阻也死了，我心痛不已。心想："父亲、哥哥去参加革命了，自己在家连一匹骡子都看不好……"不由自主地流下眼泪，奶奶倒不在乎，说："哭什么？骡子死了，人还在，等你爸爸回来给你买几匹高头大马！"当年闹虫灾，国民党的骑兵又把马群轰到我家地里吃庄稼，我是眼巴巴地看着他们糟蹋庄稼，敢怒不敢言。只有一块玉米地长势甚好，我天天在玉米地边看守，也盼望父亲早日归来。

1948年辽沈战役，形势急转直下，解放军节节获胜。说来也怪，当年雪特别大，辽东冰天雪地，解放军反穿白色军大衣，忽而自南而北，有时又从北向南，快速行军，无论是辽阳之战，还是歪头山战火，都给我留下深刻的印象。东北全境获得解放后，父亲回来了，二哥回来了，叔叔和二姐也回到了辽阳县城，叔叔成了辽阳市委书记。我们家终于实现了盼望已久的团聚。但是大姐和大哥还没有一点消息，大概又过了几个月，大姐和大哥也来信了，他们分别在部队和其他地方工作。

六　八路窝子

1946年冬天，蒋介石大军压境，很快占领了辽南地区，八路军败退了，我们家乡成了国统区，设有国民党县长、区长、族长、乡长等官职。我只记得半拉山子村推举李树章为乡长，他是河西村人，文质彬彬，我没发现他干过什么坏事，倒为八路军到我村提供了不少方便。因此后来"镇反"没他的事，我家还让他在河套地头盖几间房，让他度过晚年。他有一个儿子是学农的，后被分配到中国农业科学院。他儿子人也挺好，我还到他单位看过他。

八路军撤退以后，我家受到很大压力，村民都说我家是"八路窝子"，细琢磨也是如此，因为1946年叔叔回家后，曾把几个可以出去工作的人带走了，参加了革命，有大姐宋冷秋、二姐宋冷涛、大哥宋祥麟，一家11口走了3个，可谓乡间大事。

1947年春，开化季节，国共两军对峙严重。爸爸怕我和二哥受牵连，让我俩转移一下，就把我俩送到沈家沟老君峪村大姨家了，爸爸当天回村，我俩在那儿住了一晚上。那是一个典型山村，一眼望去，四周是大山，仅有一点天空，我俩成了井中之蛙，闷死了，很想回家。大姨父和大姨对我们很热情，他们的弟弟和弟媳也待我们不错，尽管如此，第二天我们就跑回家了。还没进村，发现遍地是积水，道路泥泞难行，我们的鞋都踩湿了。村内静悄悄，似乎有什么事发生。回家一打听，才知道有两位八路军，肩背步枪，到村公所就坐在炕上，同村民谈起来，没有任何敌情观念。后来进来两位国民党便衣，一进门就用手枪把两位八路军打死了，抢下两只步枪就往北逃了。这时才知道他们是从沈阳来的国民党特务。铧子沟那边八路军知道后，很快运走了尸体。此事是谁告密的，一直是个谜。"文革"时期，有人说是我爸爸告密的，这根本不可能。

在这期间，我家发生了三件事：

第一件是婶母贺瑛回家。贺瑛是叔叔在抗战时娶的妻子，山西平遥人，也是游击女战士，后随叔叔出关。1946 年南撤时被打散了，后转至辽阳市，住在朱济民家，有地工通知爸爸去辽阳接她回家暂住，然后再设法返回解放区。爸爸性急，立即就要去接，哪怕冒着风险。当时半拉山至辽阳都是国民党地区，冒然而行是很危险的。爸爸找邻居李殿昌商量，两人决定赶一辆马车前去。他们很顺利地接上贺瑛，赶车出城。这时遇上国民党关卡哨兵，问："干什么的？"爸爸说："接弟媳回乡下！"随便给哨兵两块银圆，哨兵就放行了。回家也没什么事，但家庭关系复杂。原来老婶宋李氏带着二哥生活，已经相当艰难，现在又生一个男孩宋鸿麟，与贺瑛和其女宋晓绿相处，有一种说不出的滋味。但宋李氏极为善良，包容心强，对贺瑛以姐妹相处，关心备至。贺瑛在半拉山子村住了半月之久，后来由地工人员接回辽南去了。这是事件的真相。"文革"中有人胡说宋李氏告发贺瑛，想把贺瑛置于死地，不仅是虚构的，也是别有居心。

第二件是大姐宋冷秋回家。她本来去参加革命，在辽南也被打散了，幸而她年轻，就谎报是学生，国民党也没有把她怎样。她经过长途跋涉，经辽阳而回半拉山子村。在家住了 20 多天，也待不住，后来陪地工到南边去了。新中国成立后，她感到自己文化水平低，先在辽阳市职高读了一年书，补修中学文化。该校与辽阳高中比邻，我们来往较多。有一次我俩一块回家，第二天走到铧子沟镇，我浑身长麻疹，极不舒服，大姐领我去一个诊所打了一针葡萄糖，居然好了，再也没犯过。后来她又上中国人民大学学习。后被分配到人民卫生出版社，住在花市镇子胡同，我们来往也不少。可惜她英年早逝，在追悼会上让我讲话，我哪有那个胆？我夫人徐萱龄落落大方，上前去讲了话。

第三件是康启来访。康启是辽阳市人，他父亲叫朱济民，开一个药店。

朱济民的妹妹嫁王绵壁，此人正是我奶奶的娘家侄，所以我们关系不错。康启也参加八路军了，后来也被打散，只能回辽阳市待着。但辽阳又不安全，他就时常在外走走，也到我们村串门。据他说，这次八路军撤退，损失极大，县委被包围了，县长被打死，其他人逃走了。又说："宋洁涵看敌人包围了房子，自己从后窗户跳出来，在山上草丛中待了好久，才算捡回一条命。"他还说这些失散的八路，又到大连碰上了头。康启后来也回辽南了，还当了铧子沟镇区长。新中国成立后他当了辽宁体委主任，但后来未见过面。

　　1947年夏天，八路军又打回来了。但是村里还不稳定，组织过一次土地改革，搞得也是松松垮垮。当时我瘦小枯干，也干不了什么。我主要的精力是看护一个老骡子，红色，双目已瞎，但仍然是主要耕畜。我每天都赶骡子放牧。有一天国民党飞机来袭，在村南边掷一个炸弹，没伤人，但把屋内的尘土都炸下来了。记得那天正包高粱面饺子，饺子上落满了灰尘。祸不单行，骡子也不吃草了，最后趴在地上，请人一看，原来骡子闹了肠梗阻，没法治疗，眼看骡子死了，我心痛如刀绞，十分难过。

　　当时我的身体也不好，在左腋生一个疮，都化脓了，用蛤蟆墨也不灵，苦不堪言，据说已经露出筋骨，在农村缺医少药的情况下，只能听天由命。幸而老天助我，伤口没有扩大，肉芽一天天长大，又把露出的筋骨包上了，最后得到痊愈。"狗剩子"又躲过一劫。回忆起来，十分后怕。

　　1948年夏秋之际，故乡生蜜虫，除了黄豆、玉米之外，高粱全长窝虫了，叶吃光了，穗也长不大，高粱又是当地的主要粮食，遍地都是灾难景象。国民党的骑兵也乘人之危，把马群轰到地里吃庄稼，造成不少农家颗粒无收。我家对大面积的高粱不抱希望了，在河套有一块玉米地，玉米长得又高又壮，棒子不小，还给我家一点希望。骡子没有了，我就天天在玉米地看护，有时坐到天黑才回家去。等待我的晚饭是高粱米稀粥，佐以咸菜，干粮是没有的。因为我家历来是半年糠菜半年粮，吃好吃饱是不可能的。唯一的希望是玉米满粒时，可以掰玉米棒，生活才会改观：煮一锅青玉米棒，加几个茄子，另外炸一碗辣椒酱，每个人吃两三棒玉米，吃一碗拌茄子，这就是最好的生活了。

我们家除了出不少八路外，有不少地工也常到我们家。记得有几次，他们穿一般民众服装，晚上来，第二天就走。通常不说什么，但往往从裤脚里抽出一个纸卷，内有几句话，都是叔叔寄给我爸爸的。还有一次，仅是一张白纸，但放在水里一泡，就出现了文字，从而知道事情的由来。应该说，我家是"八路窝子"，众人都心知肚明，我家也不招三惹四，多夹着尾巴做人，群众不揭发，伪政府也没为难我们。这样相安无事，也就阿弥陀佛了。

我有时在想，我家是"八路窝子"，这是明明白白的，国民党为什么不管呢？原因可能很多，首先，国民党忙于征战，还没有一个行政管辖系统，尤其是对农村，他们还没有进行有效的统治，对农村的事还鞭长莫及。其次国民党缺乏民心，没人关心国民党的事，相反，共产党倒有民心，谁愿意为国民党通风报信呢？即使有极少数人当狗腿子，也不能冒天下之大不韪。

七　进城读书

我们家乡是 1948 年底解放的，接着进行土改。原来在 1947 年曾搞过一次土改，由"瞎子"当农会主席，还有妇女主任，后来战争一冲击就垮了。这次土改比较正常，广大农民分得了土地，我家被定为下中农，有 34.5 亩土地，12 口人。其中有 10 亩地是分得的。

当时我已十多岁了，但是还是一个小文盲。叔叔说我的学业已经耽误，不能再这样下去了，最好快点赶上去。但我村没有高小，只能到城里读。

我从小生活在半拉山子村，住于家，吃于家，活动于家附近，最远的活动半径也不过四公里，如到西边双龙寺看庙会，不过一公里许；去拉子寺除草，只有两公里；去大姨家沈家串门，要爬越东山一个山岭，也只有四公里；最常去的是镇上——铧子沟，也是四公里，但是是平地。这是农村孩子的活动范围，超越它是没必要的，也不可能。

进城读书，这是一条必走之路。大概是 1948 年冬天的一个早晨，我穿着棉衣，脚踏"乌拉"，约 7 点出发，和二哥经铧

7-1　文庙小学旧址

子沟、罗大台，过太子河而进辽阳东门。那时处处是战争创伤，道路不平，铁路不通，公共汽车也没有，尽管从半拉山子村至辽阳才 30 公里，但太阳快落山时我们才到辽阳县城。城墙还在，碉堡林立，都是解放战争留下的遗迹。不过，一进城就好像到了另外一个世界，看见辽阳的二层圈楼，感到楼房那么高大，自己那么矮小，看见什么都感到新奇。我先在叔叔家住了几天，后来进了二道街文庙小学。自己原来才念一两年书，按年龄，应该念六年级，怎么办呢？最后感到只能让人赶文化，不能让文化赶人，于是在二道街上小学六年级。书念得很吃力，语文跟不上，数学更是"丈二和尚摸不着头脑"，受到某些同学的讥笑。事虽如此，只能把压力变成动力，比别的同学加倍努力读书，尽快赶上去。

我刚上文庙小学，应该是 1949 年，读的是六年级插班。从说话到举止都很土，远不如城里孩子聪明伶俐。老师经常提问题，我大部分都答不上来，只有一个政治题"爱国主义与国际主义的统一性"，我回答得较好，老师还表扬我一下。当时事事不如人，比较自卑。

当时我住哪儿呢？换了不少地方。最初在叔叔家住几天。后来住到辽阳市第二医院，院长叫杨二姐，丈夫是宋新怀，任辽阳市长，两人都是老革命，没儿没女，视我如己出。但是我没住多久，又搬到辽阳一中住校，宋新怀、杨二姐也调往鞍山市工作。辽阳一中没有正式宿舍，我起初跟一位伙夫住在一个炕上，有了学生宿舍我才搬走。

7–2　与初中同学在一起

1950 年初，我该上初中了，但是自己的水平太低了，很难被正规录取。这时叔叔已调往丹东，在辽东省委工作。二姐还在辽阳，她去找了辽阳中学（后改辽阳一中）校长刘国善、教导主任温泽武，讲明了具体情况，请求能否让我先上学试试。学校领导认为这种特殊情况可以照顾一下，于是我才到辽阳中学读书。其间经历了抗美援朝、镇压反革命等运动，我受到深刻教育。

7-3　南拉子中学旧址

抗美援朝对学校学生触动较大。年龄大的同学参加了志愿军，我年龄小，当然不合格。当时曾想迁校到千山区，为此宋恩常书记还做了动员报告。当时我们住在学生宿舍，早上一起来，晚上一起走，都排队进行。有一天晚上同学们都看不见东西了，一检查是吃黄豆太多造成的，东北人民政府教育部长车向忱来检查工作，给拨了不少粮食，同学们的"雀蒙眼"才得到根除。

辽阳一中在二道街东头，紧挨城墙，墙外就是太子河了。1951年镇压反革命，多在东墙外枪毙人。当时的各门功课我还能跟上，对有些课很感兴趣。其中的生物课颇有趣，老师还让我们做了不少动物标本，但缺少人体标本。有一天晚上，生物老师带我们几个学生，硬把一个反革命的尸体抬回来，做成一个人体骨架标本。这件事令我终生难忘。1950年寒假，我同二哥还去过一次安东，看望了叔叔宋洁涵，也看到了美帝国主义的空袭。我们没住几天就回家了。叔叔在茶前饭后给我们讲了许多革命道理，令我们终生难以忘怀。

叔叔语重心长地说："我们年轻时，国民党腐败，日寇入侵，国难当头，哪里有一个安静教室？当时没有机会读书，只能搞学生运动，参加革命。现在推翻了三座大山，建立了新中国，你们有了好的学习环境，一定要珍惜，这可得来不易呀！"他又说："目前安东很不安全，与新义州一江之隔，美帝国主义天天来空袭，让你们哥俩来，主要是见见世面，受受教育，你们看，美帝国主义多凶，不仅侵略朝鲜，还对我们领土狂轰滥炸，我国必须强大，不然是会受人欺辱的。要想强大，不仅要有党的英明领导，走光明的社会主义道路，也要有成千上万的知识分子，建设强大的经济、国防，所以你们一定要听党的话，努力读书，学有所长，将来才能报效国家。"

　　叔叔的上述教导，一直铭刻于心，成为自己前进的一种动力。因此叔叔辞世后，我曾写一副挽联以示怀念：

　　　　满腔热血，投笔从戎，功载史册天地久；
　　　　一身正气，两袖清风，德及子孙日月长。

　　我并不笨，也不聪明，但是我很勤奋，这是我的特点。经过初中三年的学习，我已经基本赶上了大家，与大家文化水平接近。在考高中时，也按一般水平考上了。我考上了辽阳市南拉子辽阳高中，这是一所新学校，据说它是当时东北八所新建的高中之一，有教学楼、宿舍楼、礼堂和餐厅，

7-4　高中团支部合影

还有宽广的运动场。当时我们年级有八个班，我在五七班学习了三年。每天躺在宿舍床上，能看见西南方向鞍钢倒铁渣的火光。

在我读高中二年级时，二哥已经毕业，考上长春东北大学化学系。我还要在辽阳高中学习两年。当时吃学校食堂，每月能按时交伙食费，不像初中时老欠伙食费。记得初中时食堂门口有一块黑板，专门公布某某欠伙食费的内容，自己挺抬不起头的。那种羞耻感反倒刺激了我的积极进取，心想："千万不能辜负了这份伙食费，念书太不容易了，一定珍惜这宝贵的时光。"到了高中时期，大哥已实行薪金制，每月汇伙食费来，所以改变了被点名的被动状况。每个月末的周末，我们都回家一趟。特殊的情况也有，如读高一时的冬天，家里捎信说，奶奶去世了，我们要回家参加葬礼。

我和二哥晚饭后，搭火车从辽阳出发，到烟台（后改灯塔）下车，下车天已经黑了，走了一公里，在当地中学遇见同乡程希俭，他对我们哥俩夜里回家也提心吊胆，为我们找一把铁通条，认为一旦遇上狼群，可以决斗一番。我们俩沿公路步行到家，一路上没有遇到不测，但是由于过度紧张，自己的耳朵已经冻僵了也没发觉，到家才发现。老婶说："千万别动，否则要碰坏了。"耳朵暖化之后，一下肿了起来，经过几天治疗才好，但自此以后，我的耳朵总是凉的，应该是后遗症吧。

奶奶是 1950 年底去安东的，叔叔以为这样能让老人享几天福，但是城市生活脱离了劳动，这使奶奶很不习惯。另外城市生活也远远优越于农村，奶奶又以乡村生活待之，自然有不少令人看不惯甚至生气的地方。久而久之，她病了，加上已 70 多岁，不久就离开人世。按当时的风俗，人死必归根，要葬到老家，所以由大姐和王昌庆护着灵柩，运回半拉山子村安葬。

1955 年是紧张的一年，主要忙于大学考试。我考什么学校家里并不管。我自己常想，我们农村有两大问题：一是吃饭，要解决衣食之源，从这个角度说，应该考农科；二是疾病的折磨，是社会大问题，从这点看，应该学医药。因此我最初是决定报考第二类：农医。但是考大学前一个月，全体考生进行体检，我的其他方面都挺好，唯有一个医生让我认识一个表，上面红、绿圆点交错组织，其中有一定的阿拉伯数字，但我怎么也辨认不出来，只感到乱七八糟，没有规律。结果给我下了一个结论：赤绿色弱。投考农医类无望了，也不能报考理工类，这对我是打了一个闷棍，打击太大了。有的老师、同学说可考数学，但我不感兴趣，最后只能报考文科。

那时考大学，是有报考提纲的，全国统一发行。文科考四门：政治、语文、历史和地理，暂不考外语。还有一个月就考大学了，我又临时抱佛脚，突然报考文科，所以必须要有一个急救方法。我拿来高考大纲，逐题作答，然后再反复背下来。先是照本背，后来丢去答案本本，从心里默默背下来。经过一个月的努力，我感到准备差不多了，有时还去公园玩玩，躺在大椅子上，一科一科地背答案。

考场设在鞍山市一个中学。我在那里考了两天，自己感觉考得还可以，但能否考上，还不得而知。辽阳高中放假，我也毕业了，只能回家等待。每天除了吃饭、睡觉、游泳外，也做些劳作。这倒没什么，但心里很没底，又迟迟不来通知，二哥也埋怨我说："你就不该报北京大学，太高了，如果报东北大学早就来通知了。"这些说法更使我烦恼。有一天，我们正围着炕桌吃中饭，突然邮递员高喊："老宋家，好消息，你们考上北京大学了！"出门接信一看，的确是一个很大的北京大学的信封，打开一看，是北京大学录取通知书，说我被北京大学历史系录取了。我心里很高兴，爸爸、二哥和家里其他人也很高兴。这一天是1955年8月22日。接着，我和家里人都为我去北京报到做准备。

当时是秋天，又是暑假期间，在临走前的两天晚上，我还去看了小九，她是家长们给我定下的未婚妻。我们吃过晚饭，并排站在她家东山墙外，谈了许多学习和别后的事情，但是我们像邻里和朋友，没有爱情火花，也没有感情上的交流。其间有人来喊小九去演节目。事实上，她能歌善舞，暑假有些文艺节目是少不了她的，但是今天她可顾不了那么多，一直到谈话结束，她都没去演节目。大约11点，我才离开小九家，穿过后院菜地，从老婶的后窗户进入屋内。原来老婶还没睡觉，我又同她聊了一会儿，她还说："你们分手前谈谈好，年龄不小了，应该结婚了。"

过了两天，我带着行李离开了家乡，主要带了一个被子、一条褥子，还有两件换洗的衣服。其中的花褥子是妈妈特意赶做的。我的首站是铧子沟火车站，送我到铧子沟的有爸爸、妹妹和小九，我从烟台搭火车，又到沈阳倒车，最后抵达北京。一路上越走越热，铁路两旁水汪汪的，似乎刚刚下了雨。过去没出过远门，这次去北京是一次远行了。到了前门火车站，马上有北京大学的迎接队伍上来，把我们送到了美丽的北京大学。

八　订婚风波

农村风俗，讲究养儿防老，传宗接代，我家也不例外。

新中国成立以后，我家生活好了，在外读书、工作的人也不少，上一辈的人都结婚生子了，但我们这一辈却是一群男光棍和几个剩女，这对老人来说，脸上无光。不过保媒拉纤的人不少。大哥年龄最大，当兵在外，有几个提媒的，都不大合适，只能告吹。再说他当兵在外，不少家庭也不愿意把女儿嫁给他。后来大哥找了一个共事过的女战友，1956 年结婚生子。二哥长得英俊，其父又是一个不小的领导，一般人都不敢攀亲，说几个也未成。老婶看上一个，就是她娘家五哥的女儿，叫李玉杰，小名小九，人很聪明，长得也漂亮，活泼可爱。但二哥百般不愿意，他说："我和小九是亲姑舅表兄妹，还没出五服呢，怎么能通婚呢？千万使不得。"这条理由很灵，大家都不说了，老婶虽然想不通，但社会的新规矩，五服内不能通婚，她还是不反对的。过去没这个规矩，还提倡"亲上亲，代代亲"，姑舅亲、两姨亲极为流行，尤其是姑姑总想把娘家侄女娶为儿媳，是姑姑又是婆婆，是侄女又是媳妇，关系密切，亲跨着亲。这对老人的亲情关系是满足了，但不关心下辈的感情，更不顾近亲结婚的后果。新中国把上述旧俗废止了。老婶虽然心里难受，但她并不顽固，还是接受了。可是她却把我推上了订婚的舞台，把小九说给我了。爸爸、妈妈也认为不错，主要喜欢小九漂亮、懂事、能干。

听奶奶说，李家原来住在中长铁路以西的辽河边上，经常闹大水，难以生存。小九爷爷带着妻子，挑着担迁入了我们村。由于勤劳，善于耕作，他们很快就在村内立足了，还生了五子二女，几个儿子都很能干，我记事时他们已经分成几家。其大女儿就是我的老婶，二女儿嫁给了李世荣，抗日英雄李兆麟就是他们的近亲，他还给我讲述过李兆麟的故事呢！小九的父亲排行老五，我们都叫他五大爷，是有名的车把式，种地能手。人也漂亮，浓眉大眼，标准的东北男人。生活过得可以，但美中不足的是，只生女儿不生儿子，家庭香火面临危机。所以生第三个女儿叫李玉清，意思是生女儿的事已经清了，第四个孩子可以是男孩了。但还是女孩，又在名字上下功夫，称为"改子"，认为下一个应该生男孩了。但是生第五个孩子还是女的，父母认为至此应该打住，改名为"小九"。第六胎呢？还是女的，又命名为"会弟"，应该招来一个小弟弟了。这时五大爷找人去算命，问能否得子，算命先生说："下一个是男孩。"他信以为真。果然，最后生下一个儿子，名为李全安。由此看来，重男轻女的旧俗在乡村是多么根深蒂固！

我比李玉清小一岁，读半拉山子小学时我们同班，她是班长，经常管我。小九比我小三岁吧。大概由于遗传关系，她们姐妹都长得漂亮，也有良好的家教。小九还有一个长处，能歌善舞，暑假时村文工团演出必有她。说实话，人是不错的，各方面都比我强。他们家就在我家西边，仅隔一个王家，我去王家挑水时，一抬头就看见她家院子了。但是我们都很封建，我更打不开面子，向来不进她家的门。

当家长提出为我与小九订婚时，我只知道这是大人的事，"父母之命，媒妁之言"。唯一不同的是我们没有通过媒人，父母也不问子女，当时我还没有反抗精神，稀里糊涂就应允了。好像没有订婚文书，只是妈妈去她家吃顿饭就订下来了。

作为当事人，我们还是孩子，没有私下约会，平常见面也躲躲闪闪的。我在辽阳高中读书时，她在辽阳白塔师范学校学习，我没去找过她，她也没看过我。有一次我们在辽阳二道街相遇，她从街东往西走，我从街西往东走，一个在路北，一个在路南，彼此看得见，却不说话，也不打招呼，谁都拉不开面子，根本没有初恋的激情，哪怕一点点也好。

1955年夏初，我高中毕业了，小九也放暑假回家，坐同一趟火车，一块到烟台站下车，我们原来并不知道。爸爸、五大爷和妹妹都来接我们，我们步行20多里路，五六个人，谈笑风生，但我和小九没有交谈，冷漠如生人。心里的距离可想而知。我去上大学离家前，曾有过接触，到火车站她还送过我，这也许是我们最亲密的接触了。

上大学后，由于种种原因，我没回过家。我跟小九通过信，基本是生活流水账，缺乏感情上的交流。

自从到北京后，知识宽了，对生活理解也深刻多了。以个人婚姻来说，我还没有结婚，所谓订婚也是一种形式，并没有感情交流，觉得原来的订婚是不合适的，现在还来得及，应该早日结束。至于我爱什么人，应该自己找，在实际学习和工作中寻找。

从内心说，上述订婚的发生，都是传统观念造的孽，对父母、对我都是如此。幸而我梦醒得早点，决定规避一场传统观念导致的悲剧。实事求是地说，小九是一个很不错的人，对她没什么挑的，但我们缺乏接触，没有感情，更谈不上爱情，而这正是建立幸福婚姻的基础和纽带。经过多方考虑，我决定解除与小九的婚约。但是，这带来许多问题。

首先是小九，我同她在信中谈了此事，她感到是晴天霹雳，根本受不了，坚决不同意。我说这不是你的问题，而是我们不是从谈情说爱开始，将来很难幸福。她却认为感情是能培养的，我们交流太少了。她还提出1956年暑假来北京一趟，专门同我谈谈，但我不同意。

其次是李家，小九父亲专门到我家，同爸爸吵架，爸爸也说这是孩子的事，不是我们的主意，但是小九爸爸认为孩子应听大人的话，还是大人没做好工作。从此两家闹得十分不愉快。

此外，争论的焦点是，不少人认为是我上北京了，心高了，才变了心。事实并非如此。在大学一二年级时，我是认真读书的，根本不存在遇上新欢，而且我既然与小九分手，就让事实证明，小九不结婚，我决不找女朋友。1957年听说小九结婚了，从那以后我才开始交女朋友。

尽管如此，我还是感到有些内疚，自己的行为终究给那些有传统思想的人带来不少伤害。从这点说，自己也避免见到他们，大概从 1955 年告别家乡，我一走就是几十年，从未回过家，不能说与上述事件无关。

我对长辈还是想念的。爸爸常来京，但母亲不大出门。1966 年我专门把她接到北京，住在铁狮子胡同，好好伺候了两个月。她喜欢抽烟，我就买来不少纸烟，晚上夫人还给她打洗脚水。她爱吃饺子，我们几乎每周都吃饺子。妈妈很高兴，逢人就说"二儿子、二儿媳妇对我可好了"！我不问小九的事，怕老人伤心，他们也有意回避，生怕干扰了我们的生活。有一次父亲却提及了小九，他说："现在李玉杰生活得挺好。有一次我遇到她，这人大方，不计前嫌。"李玉杰对他说："过去的事就过去了，不必谈了。将来有机会去北京，我一定去看看三哥。"我排行老三，一般人都叫我"老三"、"三哥"。

对一个游子而言，对家乡还是有感情的，很想回乡看看。1992 年爸爸在北京病故，火化后，把灵柩送回家乡去。这次我回去了，还有我爱人、孩子。爸爸在半拉山子村是名人，亲友也不少。这时，五大爷早已去世，会弟、全安也来了，我们没有提及往事，谈得还算融洽。我们把父亲的骨灰盒送往东山，与母亲合葬在一起。下葬时，由于爸爸爱看书，弟弟还以两本书陪葬。坟地在山坡上，苍松成林，保留了乡间的生态环境。

半拉山附近环境今不如昔，高大的半拉山已经炸平了，当成石灰卖了，山下的无名河也断流了，仅存的几处积水也是黑乎乎的，再也找不到童年时代的无名河了。清澈的河水，耸立的半拉山，茂密的柳林，都已经成为我的记忆。斗转星移，物非人非，由于不重视生态保护，美丽的乡间生态被糟蹋殆尽。

九　北大生活

我接触北京大学，可追溯到 1954 年。

当年大哥在铁道兵工作时，接妈妈来京玩几天，我和蛟麟也来了。我们住在大石栅晋昌旅馆，先后参观了故宫、天坛、北海和颐和园。记得乘32 路公共汽车路过北大西门时，我们看到了庄严气派的西大门，大哥对我说："明年报考北京大学，这可是全国最高学府。"我只是说："争取吧，恐怕考不上。"当时考上北京大学只是一种幻想。

如果按原来报考农医类，具体学校是中国医科大学、东北农学院，一个在沈阳，一个在长春，这样很难跟北京大学有联系。但是体检结果为红绿色盲，最后坏事变成了好事，理科之门对我封闭了，我只能踏向文科之路，于是报了北京大学历史系，结果竟然考上了，这实在出乎我的意料。

迈进北京大学校园，发现燕园有一个美丽的未名湖，附近有不少小山丘、古柏、松树成荫，湖边还有一个古式水塔，我们都有固定的宿舍，上课多在文史楼。我们是从穷乡僻壤来的，认为北大就像一个大花园。我获得了二等奖学金，每月 12.5 元，正好包管伙食。衣服还是家里提供的，虽然当时几乎没有零花钱，但自己吃苦惯了，也没什么可买的。牙膏较贵，我们就使用牙粉。我们挺满足，没有奢求，连天热了都没有想买一只冰棍。

当时学生生活比较安逸，有钱的自费，像我还享受二等奖学金，每月发十几元伙食费，吃饭无忧。困难时期开始定量，一般的学生还可以吃饱，但考古、地质和体育专业的学生就不行了，户外活动多，运动量大，消耗

也多，于是北大在大饭厅开一个特区，
吃饭不限量，我们历史系考古班不少
同学都列入其中，我也不例外。

9-1　在北大宿舍读书

　　头一年，我们历史系有三个班，
没有分专业，都上一样的课，如中国
古代史、世界古代史、外语、古典文
献等，许多名教授都给我们上课，如
张政烺、邓广铭、齐思和、汪篯、商
鸿达等。大家都很努力，都"向科学
进军"。

　　第一年完成后，我们分专业，有中国古代史、中国近现代史、世界史、
考古学，我想学考古学。为此，还举办了一个考古专业动员会，考古学家
尹达也来了。应该说，我的条件还是较好的，出身好，根正苗红，头一年
曾当德国留学生穆海向的辅导员，我们就住在学院留学生宿舍。现在分配
专业了，我也没太大问题，但自己是红绿色盲，能学考古吗？我带着这个
问题，曾请尹达先生指点，他说："色弱不会影响学考古，但不便学美术考
古，应多学史前考古，也可参考民族学。"他这些话对我鼓励较大，坚定了
我学考古的志向。

　　我被分配在历史系55级三班，也就是考古班，其他两个班为历史班。
我是团员，又较能干，还担任团支部书记，应该是班里的一个头头了。但
我还得听党支部书记穆舜英的话，她是大拿，具体工作由我来执行。当时
我们班有28人，来自全国各地，有5个女生，23个男生。在大学头两年，
我们还是读书的，但是1957年春天开始，我们就卷入了政治运动，主要是
反右斗争。

　　北京大学是一个敏感单位，经常挑头闹事。所谓右派进攻之时，北大
校园大字报铺天盖地。物理系的谭天荣最活跃，他也会讲话，听者众多。
人民大学林希翎亦来北大讲演。我们就听着。有一次何其芳就在我们旁边，
好像当时中国社会科学院文学研究所就设在北京大学院内。后来相当混乱，

似乎要反了。有一天晚上，团委把各系的团支部书记都叫来，坐上汽车，被拉到团中央。会议由胡耀邦主持，他首先讲："你们怕不怕？对右派进攻，现在我们应该反击了。"他系统地讲了形势，认为现在共产党执政，有些人不满，发动了进攻，北大是一个代表单位。有进攻，就有反攻，现在我们要大力反击右派，希望各系团支部起积极作用。

当时谁是右派，班上并没有决定权。好像系里党总支有个会议，经研究后确认。我们班起初定了两名，一名是陆思贤，上海人，他认为"现在农民太苦，应该成立农民党"。一个是马文宽，北京回族，说过一些别人不敢说的话。按当时的形势看，一个班有两个右派也就够可以了，但是上边认为还不够。于是又动员北大、清华再抓一些右派，决不能让右派漏掉。于是，我们班根据系里指示，又把孙机划成"右派"，而且是"极右"。孙机是山东人，调干生，比我们大七八岁，知识面较宽，也敢讲些自己的观点。他被划为右派后，不能生产实习，也不能顺利分配工作，最后只好留在考古教研室当资料员。这倒为他做学问提供了有利条件。改革开放以后，他才调到中国历史博物馆工作。

我们班最突出的是杨某匿名信事件。杨某，河南人，家境贫寒。反右时他表现平淡，但其事不凡。1957年5月25日民委开座谈会，卢郁文发言，次日《人民日报》有报道。6月6日，国务院的领导同志又主持座谈，卢郁文又发言，说："现在右派进攻，不要怕，应还击。"《人民日报》又做了报道。远在5月15日，毛主席就发了文章《事情正在起变化》，应是内参。6月初正式发表社论《这是为什么？》，公布了匿名信内容，信里说卢郁文为虎作伥，无耻之极。事后知道，此信是杨写的。当时他很紧张，但谁也不会想到此事，他也老实多了，在政治上不乱说，反右发言也积极了。1958年，我参加广西民族调查，他跟我去的，还分在龙胜三江大苗山组，表现平平，有时气人。回北京后，公安部立案追查匿名信。那信是从北大发出的，公安机关一一排查笔迹，收了每个人的笔记，连我的笔记也收了。

1960年秋后，我们都在文史楼东边大平房写考古报告、毕业论文，每天都繁忙不止。当时我已毕业，挂了个校徽，边学边工作，据说这是陆平的"一肩挑",先把干部留校。突然有一天,穆舜英告诉我:"杨××是反革命分子,要抓他,请你去校卫队一趟。"那是一个下午,我去校卫队了,就在大饭厅东边的三层楼上,很快找到了人,他们说:"我们今天要抓杨××,你领我们去,告诉谁是就行了。"我领他们去了。他们一进平房,我告诉他们谁是。他们对杨说:"我们宣布你被捕了!"并马上给他戴上手铐。杨颜色大变,脸一下白了,但没说什么,然后被带上汽车。我们又赶到宿舍楼,取上杨的行装,车就开走了。我还是知之不多,班上也议论起来。后来穆舜英做了说明,原来1957年的匿名信是杨写的,经过查笔记,证明是他,便被定为"现行反革命"。

在《文摘旬刊》2004年7月9日第23至25版上,有关于杨某事件的报道,大体没问题。该事件后又涉及两件事:

1978年的一天,河南南阳有两个人事干部,一男一女,带着杨的信找我,说:"杨说他被错打成右派,现在在我校工作,想弄清情况,请你提供一些线索。"我说:"杨是我北大同班同学,反右期间,他表现一般,并不公开说什么,当时班上有三个右派,没有他,也没人批判他,说他被错划为右派不实。"我又说:"1960年,校方让我带校卫队的人去逮捕杨,说他因写了匿名信,定为'现行反革命',抓走以后音信皆无。"

2008年初,叶永烈突然打电话问我杨某事件,我也如此说了一遍。但不知后来以什么形式公布的,反正有两点比较明确:一是在反右中没有杨的事;二是他后来被抓,是什么性质我一无所知,可能是划为"现行反革命"。

2005年我班在北大欢庆进校50周年时,我见到了杨,他在某师专任史学副教授。据他说,抓走以后,被下放到某地劳改,后来跑了,到处流浪,什么都干,"文革"中才回乡,成家生子。

只知《这是为什么?》社论发表于1957年6月8日,在国内影响较大,万万没想到它与班上同学有关,唯有杨知之。

另外,我在1956年就提出加入共产党的愿望,填了申请书,但是因为家乡有些反革命分子闹事,硬把几个村干部当反革命分子抓了,还称我父亲是后台,抓了他,关了几个月。我对此比较冷静,肯定是错案。因此事牵扯，我的入党也拖了两三年，直到 1959 年"七一"才解决入党问题。

　　我们班虽然生不逢时，但也有若干特点。首先，考古实习不少，先去昌平参观实习，认识了苏天俊，他向我们介绍不少昌平考古情况。后来又去洛阳王湾考古，进行考古生产实习。其次，我们班参加过民族调查，这对我个人帮助较大，使我后来走上了民族考古之路。此外，我们班也参加过一些社会劳动，如修建十三陵水库我们就干了几天，天天挖土，吃大窝窝头，很累，但还算快活。

　　总而言之，大学生活，不仅要学知识，接受专业训练，更重要的是学会思考，有一套善于治学的思想方法，这可能是我走向社会的基础。

十 广西民族调查

　　中国先后启动多次民族调查，新中国成立初期为了配合民族识别，进行过不少调查。1958 年国家民族事务委员会又组织了全国性民族调查，组织了几千人，贯彻中央早就提出"抢救落后"的方针，实际是记录民族地区的传统文化。当时我们正在学习考古学，适逢教改，提倡上山下乡，我们便提出参加全国民族调查，校方极力支持，民委也很欢迎。北京大学历史系 54 级一部分、55 级全部近百人，分配到全国各个民族调查组工作。

　　我们班分配到广东、广西、云南、贵州、新疆等组。我被分配到广西组，还有同班同学陈慧和、杨秉功、徐萱龄。其中还有一个插曲，原来徐萱龄分配到广东组，她一听说我俩分两个省就急了，她说："我要去广西组，我俩在一起，你快去找穆舜英说说。"当时我们正在初恋，她这么一说，倒逼我同穆舜英说了真实情况。老穆严肃地说："不对吧？把徐萱龄分到广东，是照顾她朋友，你可不能做不道德的事。"书记一说，吓了我一跳，我又原原本本同徐萱龄说了，她说："好办，我们三人说清楚就行了。"三人一碰头，徐萱龄说："我同广东陈××，从小是邻居，彼此要好，他还从广东捎东西来，但我同他没恋爱关系，我同老宋是真好。"老穆一听明白了，说："好呀，你们还跟我保密呢！"于是，我和徐萱龄都分到广西组。

　　八月的南宁很美，红土、绿树、白楼。我们在南宁国际饭店经过短期培训，就分到各组去了。广西民族组长叫黄钰，瑶族，当过县长，组织能力很强。团总支书记是莫俊清，壮族，民院的调干生。该组还有杨成志、

10-1　广西民族调查组成员合影

石钟健、汪铭宇等专家，但因为当时很"左"，所以这些专家都靠边站。我被分到桂北组，任组长，共五人，有陈维刚、杨秉功、颜世杰、吴琼。

（一）下乡调查

我们很快就下乡了，第一个调查点是龙胜县潘内村，一路泥泞，毒蛇很多，几乎是用木棍挑蛇行进，这时我想起《捕蛇者说》一文了。我们在潘内村住了十几天，编写了一本调查报告，后来在《广西民族调查·瑶族志》上发表了。离开潘内村，先在山下马蹄镇吃了点米粉，后沿水田小路北行，肩上挑着担子。有一天一条黑蛇突然从我胯下穿过，把我吓了一跳。蛇很聪明，没法在炎热的石板路上穿行，往往选择有人行时穿过去。第二个调查点是布弄村苗族，他们鸣三响礼炮迎接我们。我们又在此调查了十余天，编写了报告，后来由北大同学孙淼带到贵州去了。布弄村边有一条河，产无骨鱼，俗称"伟江鱼"。我就住在公共食堂楼上，从地板缝里能看见楼下的活动。有一天晚上，楼下停一口装死人的棺材，令我难眠。天又下雨，房子也漏了，我点燃马灯，一个晚上没入睡。

我们离开布弄村后，分为两路：一路由陈维刚牵头，去龙脊村壮族地区调查；一路由我牵头，去三江程阳调查。途中很不顺利，因为车上有一个病人死了，乘客闹着要下车，或者要把死人抬下车。吵吵嚷嚷，闹了一个小时，至三江县城才平息。

这是一个矮山环抱的县城，以程阳桥最有名。房子都是木板房，挨得很近，密密麻麻，一旦发生火灾就毁于一旦。程阳好来，但并不好调查。在"大跃进"的高潮中，人心浮动，很多

10–2　《广西瑶族社会历史调查》书影

家庭都人去室空，都上山大炼钢铁去了，调查也失去了对象，我们只能一走了之。

离开程阳镇，赶往林良乡，到了乡公所，大部分人都下放，炼钢去了。我们看到乡公所有两个大铜鼓，是老乡不要的，要处理掉，经过与乡干部商量，同意让我们取走。我们请人把铜鼓运往南宁民族调查组，不知现在铜鼓还在否？傍晚搭舟南下，在船上做米饭、煮鱼，皎月悬空，分外安静，船工还给我们唱不少民歌，都是船工之歌，我曾一一记录，可惜离开南宁时，都交出笔记本，说"不能留自留地"，要"消灭个人小仓库"。今日思之，犹觉遗憾。

抵融安县后，又转去大苗山区，群众都去伐木了，我们又赶赴林场，根本没法调查。在大苗山上，看见木筏子顺流而下，把大批杉木运往融安。当地杉木耐腐，过去讲"吃在广州，死在柳州"，主要是说柳州的杉木棺材最好，而柳州棺材就来自大苗山区。

田野调查难以进行，我们只能返回南宁。

（二）编写简志

我们返回南宁后，不少调查组都已返回。接下来我们的任务主要是编书，有《壮族简史》、《壮族简志》、《瑶族简史》、《瑶族简志》、《仡佬族史志》、《毛难族史志》、《京族史志》，任务繁重，执笔人很多。我被分配到《壮族简志》编写组，同组的还有石钟健、曲军锋等，共十几人，分工执笔，最后合成，由桂林人民出版社出版。年尾我还去了一次桂林，冬天那里没暖气，很冷，我们就在被窝里校对。

当时是"大跃进"，编写也要"大跃进"。有一位师姐，天天让我们"鼓足干劲"，天天黎明即起，晚上还要开夜车，令人叫苦不迭。其实，写书要有清醒的头脑，开夜车有什么用，天天迷迷糊糊，提笔就想睡，怎么能写书呢？我是不开夜车的，过去是这样，现在还是这样，永远保持一个清醒的头脑，才能做文字工作。当时有人给我扣帽子，是"右倾"，"缺乏干劲"，让我哭笑不得。

事实上，《壮族简志》很难写。按理说，有一部壮族史是必要的，也应该有一部壮族志，主要是风俗习惯。但当时有两种情况：一是某些壮族领导人已经汉化，没有独立的风俗；二是在田野调查时，强调调查移风易俗和新的变化，对传统民俗不能过问，否则是"猎奇"、"寻找落后"。事实上，壮族有许多特殊的民俗，如稻作农业、壮锦工艺、花婆信仰、壮族方块字，等等。上述政治倾向与重视民俗是对立的，因此很难完成《壮族简志》的编写工作。

徐萱龄分到东部调查组，主要是恭城、荔浦、贺县，后来又去大跃山调查。我们在南宁分手时曾相约每周写一封信。说起来容易，做起来难。下乡最初还能通信，后来每十天半个月就换一个地址，写信也投递无门，或者人走信迟。而且我是一个调查组的组长，工作没经验，人心又不齐，给我增添不少困难，怎么能一周写一封信呢？后来连一个月写一封信都难了。这可惹怒了徐萱龄，我在三江时收到她的一封信，说："宋兆麟，长久不来信，我不理你了。"她说到做到，以后再不给我写信了，我也没法给她回信。我回南宁后，曾给她捎过毛衣和信件，但没有回音。

春节前夕，她们回南宁了，我去车站迎接，有两点记忆犹新：一是她胖了；二是不理我。后来经过解释，才言归于好。据她说，虽然不通信，但还是了解我的情况的，主要从广西民族调查组印刷的《调查通讯》上了解，因为我经常给该刊物寄东西。

（三）向校长汇报

我们在广西工作了十个月。1959 年 3 月，我们搭火车返京，在火车上过了三天两夜，我跟徐萱龄的关系也更密切了。

这次广西民族调查，尽管受"左"的影响不小，但收获还是很大的，对广西壮、侗、瑶等民族的文化有了相当了解，初步掌握了民族田野调查的方法；这些民族中的不少资料，对印证考古资料有很大帮助，起补充作用。北京大学对我们的收获很重视，陆平校长在临湖轩亲自听取了我们的汇报，我还补充讲："下乡十个月，胜读十年书。"陆平校长肯定了社会调查是文科学生的必走之路，但他指出："学生的主要任务是读书，不能把主要精力放在田野调查上。"又说："下乡十个月，胜读十年书，这句话有一定道理，但概括得不全面。"

当时对陆平校长的意见并不十分理解，后来经历日多，感悟日深，才知道大学生主要还是读书，只是要配合一定的社会实践罢了。对当年的民族调查也应一分为二：一方面，我们下乡，深入民族地区，学到许多实际知识，这是好的方面；另一方面，当时比较"左"，如让专家靠边站，重政治而忽视民族文化调查，最后收走调查笔记，"消灭个人小仓库"等，都是消极方面。就以调查笔记来说，记载都比较简单，又有自己的速记方法，自己使用是可行的，别人未必能使得上，因此搜走笔记本是极"左"的方法。

十一　洛阳王湾考古

在北京大学读书，有三件事对我的进步有重大帮助：一是上课，先基础课，后专业课，为此我要读许多书，几乎跟我专业有关的北大图书馆的图书卡片都被我抄了一遍；二是广西民族调查；三是考古实习，包括参观实习、试掘实习和生产实习。其中以生产实习最重要，我的生产实习是在洛阳王湾。

（一）准备工作

生产实习从1959年9月1日起，至1960年2月28日止，近半年之久。由于半年学习在外，所以要做不少准备工作。

组织准备。9月2日成立了洛阳考古实习队，邹衡任队长，副队长是夏朝雄，还有指导老师郑振香。

业务准备。我们看了洛阳地方志和已有考古发掘简报。请考古教研室主任苏秉琦做动员报告，他认为我班政治运动多，学习重，时间紧，今年下去发掘实习，明年写毕业论文。具体分三步走。第一步是基础实习，到安阳、郑州和洛阳，多看看，要眼观六路，耳听八方，尽量增长考古知识。第一步用时五周。第二步是去洛阳王湾进行考古发掘，这步要七周。第三步是室内整理，编写报告，为时八周。看来苏先生对我们的实习了如指掌，抓住了特点。为了加强对洛阳考古的了解，9月3日又请考古研究所陈公柔先生讲了"洛阳地理环境和历史背景"。第二天邹衡先生讲了"考古技

11-1　王湾考古队成员合影

术"，把考古实习的步骤、方法都进行了解说。

物资准备。公家的由教研室准备，每个学员则准备自己的衣服、书籍和日用品。

（二）途中参观实习

大家都说，考古靠手，参观靠走。我们是 9 月 9 日搭火车南下的，次日早晨就到了古都安阳。上午休息，下午参观小屯考古现场，晚上住在火车站前四方旅社。11 日参观后岗，过去梁思永先生曾在此发现仰韶文化、过渡文化和龙山文化，说明中原史前文化是一贯发展来的，意义重大。下午上火车，直奔郑州，晚上就抵达目的地。12 日上午请安金槐讲"郑州安阳考古工作"，然后参观室内二里岗出土文物。第二天上午参观河南省保存的二里头和信阳楚国文物。下午参观郑州商城，回忆起商朝六迁的历史。14 日下午搭车西行，傍晚抵达九朝古都洛阳，请考古研究所洛阳工作站陈久衡先生讲洛阳考古，包括新石器时代、西干沟、东干沟、东周遗址、隋唐故城。这个报告为我们考古发掘拉开了序幕。

为了取得经验，我们于 9 月 18 日在洛阳东干沟进行试掘，为 4 米 × 5 米的探方，从中了解开方、找地层、捡陶片等知识。这一天是中秋节。

据了解，洛阳是盗墓中心，除火车站底下有一西周大墓未掘外，其他墓地都被盗墓贼摸清底细。他们所用的盗墓工具是洛阳铲，现为考古必用工具。

（三）田野考古

我们的生产实习分两步走：

第一步在洛阳东干沟试掘，时间是9月18日至月底。

第二步在洛阳王湾生产实习，时间是10月初至次年2月初。田野生产实习，我们请了几个技工，懂挖墓技术，事实上应该是往日的盗墓者。又请十几个民工给我们运土。每个人包一个探方，分工进行。我挖的是215H，很大，很深，出土有北魏、龙山和仰韶文化遗物。挖完后，把陶片整理、编号。田野工作结束后，要把开方填上，打扫战场。我们共挖了700多筐陶片和石器，然后进入室内整理，在洛阳考古工作站进行，包括洗陶片、分类、对合、修补、复原器物，最后形成一批较完整的陶器。主要收获有两点：一是了解了当地的仰韶文化、龙山文化的各自特点及两种文化的过渡过程；二是发现不少北魏时期的文化遗物。从发掘到整理，于1960年1月底结束，期间还过春节，并于1月25日参观了洛阳陶瓷工厂，加强对古代制陶工艺的理解。

在室内整理期间，发生了两件有趣的事：

一是苏联考古学家吉谢列夫来参观、座谈。我们送至门口，他还高呼："考古万岁！"这个口号很提我们的志气。

二是苏秉琦来检查工作。苏先生是考古研究所研究员，在北大兼任考古教研室主任，在教学上有职有权，威信也高。每届考古实习结束前，他都要到现场检查工作。他是11月18日到洛阳的，事前去了太原、解县、华县、西安指导工作，最后到洛阳考古工作站。第二天就做报告，谈了他的出行经过，又谈及王湾工作，他说王湾发掘有早晚期仰韶文化，但比较零碎，研究欠详。但龙山文化很丰富，也能看到仰韶文化向龙山文化过渡的趋势。他以盆、罐为例，做了生动说明，认为西周文化"有头有尾，值得研究"。他认为我们发掘的北魏文物颇新鲜。苏先生看起来比较随和，但治学很严谨，一到洛阳就摸陶片，分区系类型。有的同学端来一筐陶片请他分类，他都欣然接受。有的同学还蒙上他的眼睛，请他摸陶片，他也回答准确，不差分毫。有的同学说："苏先生你猜对了，我们请你吃西瓜，你猜错了，你可要给我们买西瓜。"苏先生打趣地说："今天我是输定了，猜错了我请客，猜对了我也要请客，怎么能让穷学生给老师买西瓜呢！"事后叫来一车子西瓜，我们边吃西瓜边议学问，其乐融融。其实，每次苏先生都猜对了，但请客还是苏先生出钱，当时他是二级教授，每月280元，又有兼职费，花钱是无所谓的，但是他视学生为己出，向来是喜欢学生的。

（四）考古普查

为了加深对王湾文化的认识，扩大对豫西地区古代文化的了解，我们在豫西地区进行了考古普查。普查是从1960年2月1日开始的，在洛阳、宜阳、伊川三个县进行。我被分配到宜阳县，多进行调查，个别可进行试掘。

我们从洛阳出发，沿洛宁公路西行，到韩城下车，同组还有夏朝雄、孔哲生、叶学明和吴玮。从韩城又走一公里，抵达窑上村。这里是我们的重点工作处。

窑上村现为大队，书记叫蒋成德，30多岁，颇实在。该村即坐落在韩城西墙上，当地二层台地上，往往有遗址。

头一天我们北行，去岷岭调查，其地势朝阳，北依岷岭，农民正在修渠抗旱，我们在地上捡到不少汉代空心砖、唐代瓦当。有一个孩子看我们对古器物着迷，就领我们去他家院内，原来那里有东汉釉陶灶、甑、罐，据说是挖渠时捡来的。

第二天（2月5日），我同夏朝雄、叶学明从西往东走，调查韩城。东城墙依然残存，长832米，宽30米。东北角较好，有一村落。北墙1300米，宽30米。夯土层厚度不一，5厘米—20厘米之间，夯窝直径6厘米。西墙也有残存，南城墙不明显。从东南角、西北角看，该城东西宽、南北窄。东城墙外有张良墓。城南又有东韩、西韩两小城。再往南为洛水。古

11-2　在龙门石窟

城北有一巨塚，深数丈，以火探之，火灭；以鸡探之，鸡死，相传为韩昭侯墓。城内陶片多，城西多人骨，相传秦武王住秦王宫，距秦城五公里，他曾命甘茂攻韩城，攻下后宰众六万人。至今雨后还可在当地捡到人骨，此乃战争遗迹。

后来又调查窑上村，包括窑上、肖园二村。文化堆积较厚，有仰韶文化、龙山文化、商周文化，面积 12 万平方米，发掘价值较高。窑上村北有一小自然村，位于韩城西北角，在洛水畔二层台地上，东干沟有商、周文化堆积。老乡常常在此挖灰土为肥料。在西韩之西，又调查了瑶渡村，位于洛水之阳的二层台地上，文化堆积也很丰实。

2 月 10 日，返城，经过柳泉村，发现东干沟文化堆积。在民众家吃大众饭，一半蔬菜一半粮，困难时期都是如此。傍晚坐马车，明月悬空，夜静无人，9 点才回到宜阳县城。该城为汉代始建，南有山，山上有庙，庙内有武则天手书石碑。次日返回洛阳。

该月我们参观了洛阳龙门石窟，包括宾阳中洞、潜溪寺、莲花洞、古阳洞（老君洞），对石窟艺术有较实际的接触。我们还在当地合影作为纪念。

（五）西安参观

2 月 22 日下午 4 点，我们从洛阳搭火车西行，6 点多到三门峡市。该市为长条形，东西长，沿黄河西岸建设。旧宅少，新楼多。战国时为虢国所在地。晚上市委给我们讲三门峡的发展规划。次日 6 点我们就出去参观，北为黄河，南为黄土断崖。河中的中流砥柱还在水面上。唐太宗曰："仰临砥柱，北望龙山，茫茫禹迹，浩浩长春。"在鬼门右岸狮子头上刻有："峭壁雄流，鬼斧神工"，"天设三门峡，波游万叠流，神工虽已尽，漫道尽通舟"。现在正在修三门峡水库，原计划水库面积比西湖大很多倍，发电量比官厅大36倍，能灌田一亿亩。但泥沙过多，难以达到预期目的。河北岸为山西地界。我们重点看两个地方：

一是湖滨车站1727车马坑，过去发掘虢国墓234个，也有车马坑。据说周武王封子虢仲于此，建立虢国，公元前655年被灭。车为双辕，马是先杀后葬。

二是三门峡历史文物陈列室，有庙底沟仰韶文化、夏商文化、虢国文物。这里秦代为三川郡，汉代为弘农郡，隋为河南郡，唐到清代为陕州。晚上看三门峡夜景，9点搭火车去西安。

我们凌晨抵达西安，一看市容颇像北京，二者多共性，原来西安保留古风，保存了传统，历代建城多仿之，北京也不例外，因此西安为源，北京为流。

2月24日下午参观陕西省博物馆，这里原为孔庙，很庞大，后改为省博物馆。陈列部主任何正璜介绍情况，带我们看了汉唐文明所留的文物。第二天去半坡博物馆，属于遗址级的博物馆。

26日去丰西。参观西周、秦、汉诸代故城。在丰水附近，看了开端庄，随后去斗门、普渡村。又在阿房宫看了片刻，仅剩大土台，与《阿房宫图》不可同日而语。后来又去参观大明宫发掘工地。当天晚上看陕西省考古所资料室，有彬县下孟村、宝鸡仰韶文化、凤翔龙山文化、岐山先周文化遗物。

2月28日离开西安，第二天回到北京，完成了近半年的考古实习生活。

十二 "双肩挑"袭来

　　我很喜欢北大的学习生活，所以想读研究生，多读点书，毕业后能分到考古单位。我们这届应该是 1960 年秋季毕业。那时国家百业待兴，急需各种专业人才，大学生找工作相当容易，不存在失业问题。我们班同学出路很多，有分配到中国社科院考古研究所的，如冯普仁、李文杰、姚苑贞、丘宣充，有分配到文化学院的，如孔哲生、丁学芸，有分到人民大学的，如徐萱玲。也有分到外地的，如新疆考古研究所有穆舜英、王炳华，内蒙古考古所有崔璿、陆思贤、吉发习，山西大学有李壮伟，山西考古所有叶学明，上海大学有薛金度，当研究生的有邹厚本。郑洵芝、薛金度、李宗纯、杨中强、马文宽则分到地方工作。孙机留校未分配。唯独我不在其中，应该单独谈些情况。

　　大概 1960 年 5 月，北京大学历史系通知我先留校工作，戴上校徽，发工资，但还在班上学习，直到毕业后另行安排工作。

　　这是为什么呢？后来了解到，北京大学当时师资力量青黄不接，极缺乏年轻师资，每年分配走的人不少。于是校长做出一个规定，在每年学校分配前夕，先选一些业务好、政治条件不错的，一般叫又红又专或者"双肩挑"，留作学校师资，以解师资燃眉之急。我家是贫下中农，我是中共党员，又是团支部书记，业务上肯学习，学习也不错，因此符合"双肩挑"条件，据说当时北大留校五六十人。

　　虽戴上红校徽，但并没有做具体工作，我看到自己这样脱离群众，高人一等，便觉得必须低调生活，不能脱离群众。生活上变化还是有的，过去是穷学生，每月靠 12.5 元的助学金生活，几乎没有零花钱。现在一下子每月发 46 元，倒不知道怎么支配这笔钱了。记得徐萱龄说："除了生活费，每月应把剩下的钱存起来，以后还要成家立业呢！"当时我除了认真学习功课外，尽量做好工作，把同学一一送上工作岗位。我也搬离学生宿舍，到教师宿舍住了，住在二十五斋，与俞伟超住在一个房间。

12-1 在昌平乡村下放

当时对年轻教师的要求，是又红又专，既要懂专业，又要讲政治，具体方法是读马列主义书籍，下放劳动锻炼，认为这是红的标志。当时北大在十三陵盖一大楼，作为北大分校宿舍，又与十三陵区联合，设立了教师锻炼基地，北大还设一个十三陵办公室，主任是王学珍，他是陆平的左右手。不久决定让我去十三陵下放一年。

在去十三陵前夕，我同徐萱龄谈过结婚问题，对此我比较木然，想下放回来再结婚。徐萱龄却有另一种看法，她说："你看，你要下放十三陵劳动，逢年过节才能回京城来，再进城看我，回来住北大还是住人大？这是一个问题，不结婚更麻烦，所以我们可以先结婚，这样你从十三陵回来，可以回城里住，就不至于城内外来回折腾了。"我觉得她说得对，比较周详，于是决定结婚。

结婚仪式的司仪是严芙，她是历史系 55 级二班，是徐萱龄的上海中学同学。婚礼在文史楼一个教室举行，买些糖，大家吃糖为快，参加者多为同年级的各班同学。当时我们没有共同住处，我住教师宿舍，徐萱龄还住校，没有分配工作。我有一个表姐魏雅琴住在甘家口，房子较多，是出版社宿舍。当时又是夏天，我们拿着毛巾被就去了，住了两三天，我就去十三陵了。魏雅琴妈妈是我的舅妈，对我们照顾很周到。我去十三陵后，徐萱龄被分配到中国人民大学历史系，住在城内铁狮子胡同一号，原段祺瑞执政府，分一间房，在五楼，这是我们的第一个家。

十三陵是昌平县一个区，下属若干公社，我们历史系几个教师被分配到黑山寨公社，我当公社书记刘良的助手、秘书，主要是搞文字工作，如起草报告，拟定汇报等，也经常陪刘良到各村检查工作，如分水岭、南庄、北庄、黑山寨等村落都去过。如果说十三陵是燕山山脉的山脚，黑山寨公社就是山区了，群山林立，果树成林，主要有杏树、梨树、核桃树、栗树，由于盛产栗子，故称北京的栗乡。我是秋后进驻的，水果（包括干果）已收获完毕。当地很穷，以粗粮为主食，风俗比较守旧，有些老年男子还留着长辫子呢！

公社所在地就在黑山寨，距城内约 50 公里。我原来没干过文字工作，后来也习惯了。当地是老解放区，有不少抗战故事，还有"小白龙传说"。我曾写过一部《黑山寨历史始末》，用蜡版刻印若干份，不知当地是否还有档案保存。

当时正是困难时期，城里吃饭艰难，男人每日一斤粮票，女人才八两，菜是很少的，不少人饿着肚子，得浮肿病。我们在黑山寨基本能吃饱，偶尔也饥肠挂肚，主要是缺少油水。记得公社干部有时煮一壶开水，壶内放一两斤栗子，煮熟大家围着炉子吃一点，这就是"夜宵"了。但这是半夜搞的，偷偷摸摸，生怕别人看见。如果说当时有"不正"之风，晚上偷吃栗子应该是实事。

黑山寨有一个商店，日用百货稀少，我们用的肥皂、牙粉是从城里买的，烟酒又与我无缘，所以很少光顾百货商店，但在个别时候，也买一块"自来红"解馋，实为充饥。这是用高价买的，一块"自来红"要两毛钱。我记得结婚以后，两个人的工资都放在一个抽屉内，谁用谁拿，但心中都有一杆秤，从不多拿或瞎花，零花钱是不缺的。

一般每月回家一次，先步行，从黑山寨走到长陵，需要一小时。然后从长陵搭公共汽车，乘车者多为旅游者。汽车到德胜门要一个多小时，然后再搭汽车回东城铁狮子胡同一号。一般是周六回家，周日下午又返回黑山寨。当时挣钱不多，舍不得路费，有一次我骑自行车回城，当时年富力强，一个小时骑 30 公里，但到沙河时车的气门芯坏了，修车耽误不少时间，到城里已经快天黑了。

北大把我留下当助教，具体干什么，当时我也不知道，也没人跟我说过。当时考古教研室主任是苏秉琦和宿白，他们似乎无实权，所以也没跟我说过话。真正管事的是党支部书记李志义，从我留校到下放十三陵，都由他一手经办。有一次他跟我说，将来让我讲授"中国考古学史"和"考古理论与方法"，这是前人没开的课，多是理论性的，过去积累的资料甚少，是开拓性的。我能行吗？够呛。从我的愿望来说，坚持考古道路，这是首要的。其次，广西民族调查对我有一定启发，也就是说，不少民族学资料，对印证考古学有帮助，如果我能从此入手，做些工作，还是愿意的。

十三　调往博物馆

　　我向来没有把自己的工作单位同博物馆联系起来。在北京大学待得好好的，怎么调到博物馆了呢？其中有一些故事。

　　中国历史博物馆来源已久。1912 年 7 月 9 日在国子监成立历史博物馆筹备处，由教育部管理。1917 年迁至午门，为国立博物馆。1928 年 10 月 10 日正式开放。1930 年改为国立中央研究院所属。抗战胜利后，北大余逊负责其事，由北大博物馆专修科主任韩寿萱兼任北京历史博物馆主任。1959 年迁到天安门前，改为中国历史博物馆。但当时人才、文物缺乏。

　　人才缺乏有不少原因，一是博物馆由小变大，由旧变新，必然感到人员缺乏，二是当时政策比较"左"，公安部规定，凡是本人有一定历史问题的人，必须调离博物馆，从而调走了不少有名的专家。如王毓全、李洪甫、佟柱臣等，这是比较老的，还有些年纪不大的，如蒋祖安、朱华、张万钟等同志也调走了，这进一步加剧了人才奇缺的形势。因此需要向有关单位抽调人员，其中北京大学考古教研室就是调人目标之一。当时博物馆向考古教研室调三个人：俞伟超、祝广祺和我。这些人有一定历史知识，又有考古专长，最符合博物馆需要。其中俞伟超表示不同意，只能作罢。祝广祺与俞伟超同班，文献功底深，原在考古教研室，由于不善讲课，也不受重用，因此他也就同意调往博物馆工作。此人为上海人，对北京小吃有深入研究，后来为解决两地生活，又调回上海博物馆。有一次我经过上海去看他，他深受家务干扰，业务也受一定影响，而我当时爱人故去，专心搞业务。他深有感触，说："这些年你的学术成绩很大，看来一个人要在学术上有突破，非死老婆不可。"他这是气话，但说明治学要投入较大努力，否则难以成功。

记得调往博物馆一事是李志义找我谈的，他讲了博物馆的概况和急需调人的情况，问我想不想去。此事来得太突然，我没有立即作答，只说："先考虑考虑。"事后我同徐萱龄谈了，讨论良久，后决定同意调往中国历史博物馆，原因有三条：

一、考古教研室人才济济，有好几代人，师爷、师父层次很多，我是垫底的小字辈，难以有较多的锻炼机会。树挪死，人挪活。新的单位会使我有更宽广的活动天地。何况我对中国考古学史、考古理论和方法也不感兴趣。

二、当时我已经结婚，随爱人徐萱龄居住在东城张自忠路铁一号。从北大到铁一号往返不便，路途遥远。但是中国历史博物馆在天安门前东侧，当时又有环城汽车公路从张自忠路到天安门，不过五六站，住地和工作单位很近，这也是我想调动的原因之一。

三、我在考古教研室还未正式上班，立足未稳，到博物馆是一个好机会。博物馆是综合性的文化单位，要求多学科合作，考古知识有用场，也可以学习其他学科知识，尤其可以展开民族学调查，进行综合性研究，这也是力促我同意调动的原因。

调动手续比较简单，我先从北大开了调动介绍信，便带上行李和一个木箱，迅速到博物馆报到。当时中国历史博物馆和中国革命博物馆还是一个单位，同属于北京市文化局领导。我到市文化局转的介绍信，后到博物馆报到，由王连芳、贾立德等接待，最后分配到中国历史博物馆陈列部。

我参与的工作，最初在商周段，记得蒋祖安也在此段，后来因政审，把他调回南京去了。当时较熟悉商周陈列，还搬动过不少青铜器，其中还包括商代青铜甗，很大，没看里头有什么东西。后来"西周四孔盉"案爆发，我才知该物就在青铜甗中，想起来有点后怕。原来保管文物的组长是张某，他手下有赵某，负责青铜器保管，其中就有四孔盉。该案有两种传说：一种说法认为赵某与张某有矛盾，前者为了发愤，把四孔盉藏于青铜鬶中，让张找不着而出洋相；另一种说法认为赵有情人，手头没钱，想把四孔盉卖了。不管怎么说，事情只做了一半，从情理说，更像前一种说法，而后一种说法无据。但当时案件轰动全国，仅照片就发了 500 张，由于我们去参观过，也一度沦为观察范围。而且该案是当时中央领导同志亲自过问的，闹大了。后来真相大白，把赵判为无期徒刑，放在黑龙江劳改近 20 年，改革开放后，才从轻处理，回馆工作。上述事件令我终生难忘。

我在商周组工作了两个多月，又调往考古组，仅有黄景略和我两人，没有经费，也干不了什么，后来调到史前组，一干就是几十年。

学校比较单纯，博物馆就复杂多了，几乎是一个小社会，什么人都有，如行政、业务、杂工、公安等，人多嘴杂，什么事都传得快。我们几个大学生调到博物馆，也是大事，众人议论纷纷，有人说："一个大学生有什么了不起？还不是混混而已。"事实上，在博物馆搞业务比较容易，一般具有中学历史教员水平和文物知识就行，但搞专题展览就难了。我是有抱负的人，很想在业务上做点事，最不愿意以"混混"来生活。也不愿意受人歧视。其中我做了一项工作，把馆里搞业务的大小专家统计了一下，看每个人有什么专长，各写了多少文章，结果发现并没有像样的正规论文，多为报上小文，更谈不上有重大影响的文章。我心里想，如果我每年写一篇论文，用五年就写五篇论文，那时就没人敢看不上自己了。

谈起写文章，就生命力来说，应有新史料，这种文章是长寿的，有旺盛的生命力；另一种是有深刻诀窍，对已有学术问题能发表独到的看法。舍我求彼是没有用的，我应该选择自己的治学之路。

大概从 1962 年开始，我抓两件事：一是尽力下去做调查，搜集史料，为研究提供一定条件；二是写文章，从 1961 年起，每年都写一篇文章，到 1966 年初，已经发表六七篇文章，其中有些是正式论文，在国内著名的刊物如《考古》、《文物》上发表，而且有一定特点，即把考古学与民族学结合起来，走上民族考古之路。

我沿着这条路走下去，很多老师和学友都支持我，博物馆也给我提供不少有利条件，但也有个别人反对。有一位考古研究所的老专家，其实他还教过我，是我的老师之一，但他却在郑州考古会议上公开点我的名，认为我走的路不对，是"考古的叛徒"。传到我耳头朵里，我不以为然。老师嘛，说学生是应该的，至于说我是考古的叛徒，我可以申辩，我是站在考古学立场研究学术问题的，唯一不同的是我利用了活态的民族学资料做比较，这有什么错呢？人不能总在"考古圈"内生活，接触一点外界，利用点外界，横跨学科比较研究，也许是当今应该关注的。

实际上，我被调到博物馆工作后，副馆长任行健很重用我，把我当个"小专家"使用，可惜我还是一块"坯子"。当时任馆长要去敦煌出差，让我陪同，我也心向往之，实际是提包的，当个助手。任馆长很随和，我们是搭火车去的，到柳园下车后，又搭汽车行进，路上经常遇积沙堵路。两旁是无垠的沙漠，偶尔能看见黄羊奔驰而过。当时敦煌研究所所长常书鸿出差在外，由李承仙接待，我们参观了主要洞窟。内地已经入夏，敦煌还是春天，杏花方开，主人以兔肉招待我们，已经够水平了，在内地是不可能的。我们去敦煌是借文物，经协商，借了一件坐式泥胎观音，手已残断。另外调了几枚元代泥活字模，对研究印刷史颇有帮助。

同行的还有文物研究的三位同志，他们是去研究敦煌文化保护问题。

当时我爱人徐萱龄已经有孕在身，住在铁狮子胡同红三楼上层一间房子内。馆里给我分配了一个单身宿舍，即东华门一处角楼内，是清朝把门者的用房。该室冬暖夏凉，晚上游人散去，我们就在午门外广场乘凉。后来我找任馆长谈了，想找一个适合家庭的住处，以便生子。任馆长一听有些惊异，说："原来以为你未结婚，所以分到东华门居住，现在应该给你找一个住处。"后来分配到什锦花园一个

13-1　在敦煌石窟考察

四合院居住，说是一处豪宅，我住在西厢房，两间，有壁板、地板，窗外有长廊。正房为主人住处，她是某中学老师；东厢房由李毓寅住；门房由革博（即中国革命博物馆）梁某居住。该处在隆福寺后边，交通便利，商业繁华。后来，我们考虑生小孩需要有一个稳定的家庭环境，要有朋友相助，感觉在什锦花园不太合适，熟人太少了，远不如在人民大学宿舍方便，于是我们又从什锦花园搬到铁狮子胡同一号。这是我们婚后比较安定的家。

十四　奔赴大兴安岭

大兴安岭鄂伦春族调查，是我到中国历史博物馆的首次田野调查，又是我进行的第二次调查，但这次主要是征集民族文物。

1961年9月底，副馆长陈乔找我谈话，想让我同黄景略赴内蒙古呼伦贝尔盟阿里河鄂伦春族自治旗征集民族文物，顺便做些历史文化调查，我答应了。

该事有一定的历史背景。当年暑假，国家文物局局长王冶秋组织一些民族史专家去呼伦贝尔草原考察，有翦伯赞、吴晗、翁独健、韩儒林等，看了蒙古族、达斡尔族、鄂伦春族、鄂温克族的居住环境、历史变迁。记得在《民族画报》上有具体报道，翦伯赞先生还写过一本《内蒙访古》，我读了数遍。这些专家认为，随着社会主义建设的发展、民族地区的进步和繁荣，当地民族文化正遇到空前挑战，传统民族文物将越来越少，国家应该有计划地把上述濒危的民族文物搜集起来，可以办博物馆，可以写书，可以补充历史。王冶秋局长对此很重视，认为提得及时，有远见。回北京后，他找中国历史博物馆领导，希望历博能做好本项工作。其中还说道："翦伯赞先生有一个想法，将来建新馆时，通史展厅可以中央为走廊，两侧为展厅，一边以考古、文物展示历史，一边以民族文物展示历史，两者互相补充、印证，就能把中国历史说明白了。"这些说法，后来者恐怕一无所知，翦伯赞先生也估计得太高了。王冶秋很赞赏上述宝贵建议，责成中国历史博物馆有计划地把各种处于不同历史阶段的、典型的民族文物搜集起

14-1　鄂伦春妇女揉皮子

来。这是文物工作的新领域，馆领导把这一光荣任务交给了我。

我个人是很愿意做这项工作的，一方面我是研究史前史的，考古固然重要，但也需要民族学资料印证，我又参加过民族调查工作，有一定经验，何乐而不为？另外，在大学期间跟林耀华学过原始社会史，跟宋蜀华、陈永龄学过中国民族志，原来以为距离遥远，现在可以用上了，特别是 1958 年广西民族调查为我们做过铺垫，只是过去只为写书，现在让抓民族文物，颇有特点。

要出差，必须做些准备工作。

过去没有家庭，说调查就拔腿走人。现在有家庭了，必须做些安排。我爱人已怀孕十个月，快生产了，我能走吗？自己有些担心了。不能不征求爱人的意见，结果她还行，大力支持我，说："你安心去吧，我们学校有不少同事帮助，还有老同学更能帮忙。产后请个阿姨帮忙，我会顺利地把孩子生下来，你放心走吧。"这样我就可安心出差了。

文物局局长王冶秋亲自找我们谈话，具体讲了工作任务和具体方法。我们看了有关地方志和民族调查报告，又从文化部借了棉大衣、棉皮靴，都是去寒带的装束。

我们是 9 月 28 日搭火车出发的，经过两天行程，顺利地抵达内蒙古阿里河镇，这是鄂伦春族自治旗首府所在地。我们急忙赶路，是为了参加当地的"双庆活动"，一是十周年国庆活动，一是建自治旗十周年。我们先在旗里待几天，参加大会，参观十年成就展，其中征集几件工艺品，如犴皮口袋、齐哈密（皮制的靴子）。也参加了在阿里河畔举行的野火聚会，各地鄂伦春族代表都来了，在此跳舞欢歌，每处住地都生一堆篝火，火上煮着开水，其中有一家用三脚架，吊着鹿胃，内盛水和鹿肉，据说这是该族最古老的石烹法之一。晚饭是旗里款待的，白酒随便喝，我是受不了的，但黄景略还能对付。

在旗里了解了一般情况，还要去旗长家稍坐。他说你等一会儿，我去去就来，大概骑马出去 40 分钟，就驮一个狍子来，给我们煮狍肉吃，这也说明当时生态和旗长猎技之好。但旗里是城市生活，很难看见鄂伦春族文物，所以我们决定到托扎敏公社斯木科居民点去做实际考察。

从阿里河镇到新账房站挺方便，坐半天火车就行了。从新账房到斯木科没多远路，但赶上下暴雪，没有行人，没有车辆，连火车都来不了，我们都滞留在新账房十天左右。我们住在转运站，一个大火炕，十几个人睡在一起，男女老少都有，虱子就是这时爬到我身上的。先是有面食可吃，后来粮食也没有了，只能以豆饼度日，这种食物使我们胀肚，又排气不止，日子很不好过。我们的生活都是由转运站的王师傅管理，他是山东人，待我们很热情。他看我戴一块胜利牌手表，苏式的，样式较大，但很准确，非要我卖给他不可，多少钱都行，我百般推托都没用，最后给他了，他给我 120 元本钱。在困难时期能弄块表是很困难的，我的表是大哥给我的，作为考大学的奖励。所以手表易主，心里十分难过。待着没事最痛苦了。幸而在等车的人们中有一位达斡尔族中年男子，又是捕鱼高手，他给我讲了不少当地的捕鱼技术，我顺便向他进行调查，活跃了生活气氛。

十天以后，雪小了，交通逐渐恢复，滞留的人也渐渐散去。我们找到了去斯木科的汽车，行车半天，就到了斯木科。我们住在林场招待所，附近是鄂伦春族居民点，有十多人，队长叫景旭，20 多岁，其夫人精于熟皮子，我拍了不少照片留念。1991 年我再访当地，景旭已经作古，当地鄂伦春族风俗也已经大变。

怎么搜集民族文物？过去也有人做过，但没有系统总结。在民族学中，只有很少人去关注，如吴泽霖、杨成志，但一般民族学工作者，尤其是新派民族学者，是不当回事儿的，好像民族学的物质文化或民族文物不是他们的研究范围，自然搜集的民族文物极为稀少；文博工作者也有少数人关注，但它在整个民族文物中不珍贵，没经济价值，往往排不上队，似乎是"后娘养的"。所以前人并没有给我们留下全面的经验。我们只能广泛参观，多多介入生活，看看该族生活中的物质文化形态，同时参考历来的民族调查报告，拟定了一个民族文物搜集提纲，包括历史状态、生产工具和设备、手工业工具、衣食住行、人生礼俗、科学文化、文艺娱乐、宗教信仰等。当然，也包括有历史意义的实物，如我们发现一件雕刻有俄文的铁斧，还发现一个桦皮盒上绘有"三面红旗"四个字，我们认为具有历史价值，也收入囊中。

生产工具比较好搜集，因为民众还在使用，如各种猎枪、鹿笛、夹子、套子、刮果器、掘土棒、熟皮用的刮刀等。

衣食住行方面也很丰富，但是当地人是"旱鸭子"，不用桦皮船，这只有到黑龙江地区搜集了，但当地过江河必用木筏子，我们还请老人做了一件木筏模型。

人生礼俗方面也有一些，突出的是儿童用的折腹腰车，即摇篮。妇女例产不用纸，而用柔软的桦树皮。当地的树葬颇有特点。

科学文化方面较少了，除对歌舞调查外，收到了铁制的口弦琴。他们不剪纸，但剪桦挺盛行。刺绣也不错，取火多用火镰。但过去以两个石盘用绳子吊于树上，然后让两股绳子拧成劲，随后放开，两个石盘迅速旋转，发生摩擦，产生火花，从而取出火来，这种取火方法在南方没见过。

宗教方面，当地信仰萨满教，以女萨满为多。正因为还有广泛的信仰市场，文物相当不好收集，如当地神像很多，但都在萨满手中，一般人又怕神像，怎么能弄到手？有一个人发现野外树上挂一木盒神像，偷偷告诉我们，到现场一看，该人躲得远远的，生怕神找他麻烦。我取下一看，原来里面装不少木制的神偶，据了解是1958年或更早的时候，人们扫"四旧"时，一个萨满挂上去的。当地萨满衣服最有文化味了，皮缝制的，但其上有很多饰物，如海贝、古代青铜镜、皮神偶等，很难弄到手。还好遇见一位老年女萨满，快不行了，经过景旭队长劝说，她才让给我们一件萨满衣服、一件皮鼓和若干神像。我们问她要多少钱，她说："给100元吧。"

　　我们在当地共搜集了 1000 件左右鄂伦春族文物，除与信仰有关者外，一般都能找到。当时该族还有一些公有观念，即你用的，可以拿去，他要用的，你也应该给他，绝没有买卖关系，所以文物搜集工作比较容易。

　　1991 年我又故地重游，发现当年极容易搜集的猎具、桦皮器皿已经不见了，狩猎也不一样了。有一天我随众出去打猎，站在汽车上，架上机枪，好容易用探照灯发现一只狍子，用机枪一扫射，狍子却跑了，结果失败而归。由于该族可多生孩子，汉族姑娘喜欢嫁往此地，引起鄂伦春族家庭汉化，本民族语言也不大用了。上述事实说明，30 年前我们见的鄂伦春族的生活状况，已经成为历史，谁还能记住它？但我有笔记本保存，还有不少照片，我应该把 30 年的所见所闻写出来，于是完成了《最后的捕猎者》一书。不仅如此，我也应该把在其他民族地区的见闻写出来，供后来者参考。

十五　林海狩猎

征集猎民文物，一般在居民住处就能完成，但是为了更多地了解猎民生活，认知各种文物的使用，我们决定去哈达林场参加狩猎。

（一）出击制胜

猎场在图里河的密林中，猎人先骑马出发了，我们是搭乘一辆运兽肉的马车去的。我们抵营地时，猎人已先期到达了。

平时，猎人的家都住在托扎敏村，房子是桦皮搭的"仙人柱"，呈尖锥状帐篷。狩猎时，必选择一处背风朝阳的住地，不用的马具、猎具、生活用品都留在营地，生一堆火，作为猎人居住、饮食的中心。过去按家族公社"乌力楞"为单位出猎，使用火枪后改为狩猎小组，只有五六个人，但必有一位有威信、善狩猎的长者担任"塔坦达"，他是狩猎首领，同时配一名助手，如果体弱男子或妇女参加狩猎，则担任"吐阿钦"，负责看火、做饭等后勤工作。

15-1　林海宿营

大兴安岭密林中，禽兽是很多的。民间有一首民谣：

> 棒打獐子瓢舀鱼，
> 野鸡飞到饭锅里。

这句话一点没错。在我们抵达宿营地后，太阳已经偏西，猎手们按捺不住了，在塔坦达的部署下，经过片刻准备，纷纷出发了。猎手离开时说："你们先烤火，过一会儿吃鹿肉。"我以为是他们在开玩笑，结果不到两个钟头，他们已经凯旋。他们共去了五个人，从马驮的猎物来看，似乎没有多少，但吐阿钦一卸货，东西可不少，计有犴一只、鹿两只、熊一头、野猪一头、狍子两只。这仅仅是两个小时的战果。不过，他们仅仅把兽皮、鹿角带回来了，驮回的兽肉不多，其他则弃之荒野。正如《黑龙江外记》卷6所述："鄂伦春，俗重鲜食，射生为业。然得一兽即还家，使妇取之，不贪多，亦不以负载自苦。"这次有点例外，猎人在林中还把兽肉冻起来，用我们的马车运回。

据猎手们说，他们的祖辈以弓箭狩猎，现在弓箭不用了，射箭用的扳指已成为男人的装饰品。目前主要猎具为枪、地箭和夹子，在鹿、犴的交尾期还利用鹿笛、犴笛引诱野兽。冬天狩猎要善于寻踪，根据野兽在雪地上留的脚印形状、方向，判断其去向、时间，然后骑马急追，靠近后立起枪架子，瞄准野兽猎取之。一位成熟的猎手，通常都能百发百中，弹不虚发。每次出猎打两三只野兽是很平常的事。但是危险还是存在的，据猎手何老三讲，他现在一目失明就是狗熊抓的。他说：

> 那是五年前秋天，我们小组出猎，我单身一人追击一只狗熊，它跑得并不快，很快进入我的射击圈，我对准它的肚子开了一枪，它应声倒下。当时死熊距我有80多米，我走到跟前一踢熊的后腿，它突然扑过来，往我脸上一抓。我感到眼睛突然冒金花，疼痛不已。幸而我手中的枪已上子弹，忍着痛楚，向熊又开了一枪，它才真的死去。

据说何老三打死熊后，又发了报警信号——三枪，其他猎手赶来，才把他扶回宿营地，包扎了伤口，把他送回家了。

狩猎是人们征服自然的重要手段，但面对猛兽必然有种种危险，何老三受伤的故事就是一例。其实熊是很凶猛的，就是把它肠子打出来了，它也能把肠子塞进肚子里，继续跟猎人拼命。因此，鄂伦春人对熊是惧怕的。恐惧产生迷信，过去猎人打到熊，不说"打死了熊"，而说"熊睡着了"。并且称熊为"老爷"，像为死人送葬一样，也为熊举行树葬。有人说这是熊图腾崇拜，其实它更像动物信仰。

（二）猎人的晚餐

猎人回宿营地后，先把驮在马背上的猎物取下来，把兽皮卷好，冻起来。然后把马轰到四周，让它们吃野草。这时吐阿钦把火升得旺旺的，其上架一个木三脚架，从上方垂两股绳，挂着吊锅子煮水。这种锅是铁制的，有双耳，挂锅耳的把手是木头制的，由于挂在锅内，火再旺也烧不着。在江西出土过一种内耳陶器，日本也出土不少，可证明上述陶器是内耳陶器，以绳吊锅炊煮时不会把把手烧坏。

鄂伦春族冬猎所用的水源不是雪，因为雪出水少，水不好吃，而是从河里砍来冰块，放在锅内化为开水。出猎所带的炊食用具，除吊锅子外，还有一种用桦树皮缝制的桶。主食是面和兽肉。吐阿钦是一位炊事好手，他以兽皮鞍垫为面板，在其上和面，搓成圆饼状，然后埋在火灰中，经过几次翻动就烤熟了，这是典型的"烧饼"。兽肉的吃法有两种：一种是放在吊锅子里煮，由于不可能洗净，汤内多兽毛，这使我很不习惯，只能硬着头皮吃，猎人却毫不在意。另一种是把兽肉切成块，串起来，放在火边烤，这是最简单的烤肉串了。在甘肃嘉峪关曾出土过曹魏时期画像砖，其上就有烤羊肉串的形象，说明这种美食方法来自猎人和牧人，后来才传入中原地区。

主人为了款待我，还做了两种别有风味的野味：一是把鹿膛血灌在鹿肠内，做成血肠，还是很新鲜的；二是敲骨吸髓。塔坦达老人特意带回一只狍腿，狍肉剃掉后，把骨头放在火中烧，由于受热后骨髓膨胀，使狍骨裂纹，这时以猎刀轻轻敲打，犴骨就破开了，取出香喷喷的骨髓。这种敲骨吸髓所留下的骨头，有些经人工打击，但没有使用磨损痕迹，以此印证旧石器时代的所谓骨器，也是有意义的。

食肉衣皮是鄂伦春族物质文化的一个特点。据多方了解，该族每位成年人，一年起码要食用 400 公斤兽肉，即每天 1 公斤多。肉食是他们的主食。不过，我对吃兽肉很不适应，主要是他们煮七分熟就吃，咬不动就再以刀割，肉还冒着血丝，我当然咽不下去，请求他们再煮一会，煮烂些。但是他们认为把肉煮熟是把肉毁了，说："不香呀，不能再煮了。"

（三）入袋而眠

在野外宿营地过夜是很苦的，夏季是蚊虫叮咬，一旦防范不当，人畜会被蚊子叮死，所以不断为人马烧火熏蚊子，并佩戴防蚊面具。冬季则是严寒的威胁，野兽的袭击。为此猎人必须把火烧大，野兽见到火光就逃之夭夭了。

每个猎人都有一个睡袋，以狍皮做成，毛朝内，口部仅露出头来。《黑龙江志稿》卷 6 说鄂伦春人"每以狍皮为囊，野外露宿，全身入囊，不畏风雪"。入夜后，把鞍垫铺在篝火旁，放好睡袋，猎人进睡袋前，必脱掉上衣，反复烤腹、背，然后才钻入睡袋内。烤背的动机，是驱走身上的寒气，又能解乏，就像汉族晚上用热水烫脚一样。狍皮睡袋轻便易带，防潮防寒，有许多优点。据说西方军人所使用的鸭绒睡袋就是从通古斯诸民族的兽皮睡袋上受到启发而发明的，以后又用于地质考察、探险和登山运动。

我和赶车人都没有睡袋，只好下边铺鞍垫，上盖皮大衣，虽然傍火而眠，但仍然会被刺骨的寒风惊醒，睡睡醒醒，度过了漫长的寒夜。天方欲晓，猎人又整装出发了。我们也赶着马车，到林中装上兽肉，回到了托扎敏居民点。

两天的随猎生活，开了眼界，长了知识，这对研究民族学的我来说，是颇有意义的，令我难以忘怀。但是，大兴安岭林区的开发，正以前所未有的速度进行着，林海在缩小，禽兽在急剧地减少，再过一二十年又是什么情景呢？猎物还那么唾手可得吗？这是令人担忧的。

十六　版纳访古

　　1962 年秋初，我们听说中国新闻电影厂和云南民族研究所要合拍《西双版纳傣族农奴制》纪录片，我们认为机会难得，应借机会前往。馆领导坚决支持。

（一）貌合心不合

　　我们为了同云南民族研究所打通关系，特意从北京琉璃厂购一把清代的七星宝剑，是清代佳品，送给该所所长侯方岳。我们从北京坐火车，直到贵州安顺，当时安顺至昆明还没有铁路，只能坐汽车前往。云南民族所上下都欢迎我们的配合。云南研究所派谭碧波主持电影片内容，新影厂由雷冰具体领导拍摄。大概坐了四天汽车才从昆明抵达景洪，这里是西双版纳自治州首府所在地。

　　我们住在景洪市西双版纳第一招待所，出差补助每天九角，该所伙食费每天也九角，加上当地物资丰富，青玉米大量供应，又便宜，我们没有一点困难时期的心情。与新影厂经过一段工作磨合之后，发现我们并不是一条

16-1　在西双版纳

道上跑的车，严重地说是貌合心不合：他们追求"象"，我们追求"真"。以当地最有特色的统一管理水利灌溉来说，拍电影要场面大，讲究花哨，让"召片领"坐着竹筏子，打着雨伞，提着修水利命令的竹筒和分水器，沿水渠走一圈，只要进入电影中就行了。每件实物都是新做的，拍电影可以，按文物标准衡量就不行了，我们必须找到原物，即民族文物。其他活动也有类似情况。因此我们不能随其跳舞，只能分道扬镳，他们可尽情地拍电影，我们要走家串户，顺藤摸瓜，尽力寻找真实的物证。当然，我们的工作很难，进展缓慢，但是一旦找到路数，局面就打开了。我们在西双版纳共搜集一万多件傣族文物，有召片领的衣服、用具、金伞、印信、文书、工具、家具、刑具、金银器、小乘佛教用品等文物。

（二）江边考古

我是搞考古的，现在搞民族文物，虽然有些专业跨度，但我对民族文物的工作是认真的，它也是物质文化，而且是活动的，如傣族制陶、哈尼族树皮布，对考古研究颇有帮助。不过，我还是总想在考古上有所发现。西双版纳多雨，几乎天天降雨，天气又炎热，我们经常去澜沧江洗澡。后来发现江南岸断崖良好，文化层堆积一两米厚，内夹有陶片，江边也有陶片和石器。哈，这是多好的天然探沟呀！

我们先从江边捡陶片，对着断崖文化层，再到南岸各村踏访，发现从史前时代起，这里就有人类居住，长达一二十公里，留下不少史前遗址，有曼听、曼运、曼景兰等遗址。其中关于曼景兰遗址，村内文化层很厚，出土文物不少，为此我写了两篇文章：一篇是《景洪访古》，发表在《云南日报》1962年11月19日的第三版上；另一篇是《景洪新石器时代遗址》，发表在1965年的《考古》上。我还带回不少有关石器、陶片等标本，保存在中国历史博物馆。

记得1992年西双版纳举办建州30年大庆，欲搞个傣族文物展，苦于没文物，我又押着傣族文物重返西双版纳，还走访了澜沧江，过去高大的悬崖已经没有了，到处野草丛生，已经看不见过去那些文化堆积了。难怪我的同窗、云南省文物处处长邱宣充问我："我们怎么找不到有文化堆积的悬崖呢？"是呀，时过境迁，澜沧江无情，已把两岸的悬崖冲垮了。

（三）复制傣文书籍

傣族是有文字的民族之一，在云南是比较先进的，他们留下许多古代文书，如《傣族历史》、《土地清册》、《税收法令》、《民法纪要》、《文身纹样》等。过去进行民主改革时，当时政府也不忘民族古籍，把上述文书保留下来，成立了一个文物室。这些文书都是用傣族文字写的，利用傣族皮纸。傣族有较多的懂傣文的知识分子。

我们在搜集傣族文物时，一方面尽力搜集傣族文书，另一方面请傣族知识分子抄录文物室的基本文献，这些老人认真负责，出色地完成了任务。1992 年我在景洪期间，听说"文革"中红卫兵小将曾冲击文物室，并烧毁了珍贵的傣族文书，我们的手抄本倒成了珍贵的民族文物。

（四）入乡随俗

在版纳调查，必须尊重当地风俗习惯，否则寸步难行。最初我们走访傣家，对老人毕恭毕敬，然后进行调查，但老人比较冷淡，爱搭不理。这是为什么呢？地方干部说："你们到傣族家里，先要热情招呼'小布少'（姑娘），然后再招呼老人，这时老人才高兴，认为自家姑娘受客人喜欢，老人也倍感光荣，否则老人是不高兴的。"我们照此办理，结果工作顺利。看来必须入乡随俗，才能达到调查目的。为此，我们学了一些傣语，认知一些接人待物方法，把掌握和运用傣族风俗习惯，作为与傣族沟通的重要手段。

有一次我们从外边回孟连县连招待所，头几个人遇到几个傣族姑娘在河里裸身洗澡，低着头就走过去了，没发生什么事。但是云南民族所的一位旱傣干部似乎多看了姑娘几眼，这可伤了傣族姑娘，她们光着身子向那位同志跑来，一边跑一边喊："我们给你看，给你看！"有关同志吓得够呛，一窝蜂似地跑回县招待所，经县干部劝阻才算了事。

　　这件事对我们教育很大，一定要按傣族风俗行事，以傣族好浴而言，这是好事，是水傣特点之一，但是她们并不外露下身。我们在景洪澜沧江边看到，傣族姑娘下水时，先下水，裙子要随水位变化而变化，最后把裙子盘在头上，然后在水中游玩。出水面时，也是逐渐出水，然后把头上的裙子解下来。同样，遇到姑娘裸体浴也要低头而过，绝不能以猎奇眼光视之，否则会出洋相的。

（五）麻风村

　　过去有句谚语："来到景洪坝，先把老婆嫁。"表明那里恶性摆子（即恶性疟疾）严重，经常要人的性命，所以来景洪谋生的人，必先把妻子嫁人，省得妻子守寡。其实，随着当地的开发，医疗事业的进步，已经能防止恶性摆子发作，上述疾病已经不那么可怕了，可怕的是麻风病。

　　该病在当时是一种绝症，得了就烂鼻子、烂手脚，最后死亡。当地都把上述患者送到一个山村居住，自食其力，维持生活，号称"麻风村"。有些医生定期去"麻风村"看病、送药，听说个别医生主动入住该村，自己也惹上了。现在麻风病研究有很大突破，已经能治疗了，不过民众不理解，就是北京也不例外。我住清华大学时，有一位治愈的麻风病人，谁都不让他住宿舍楼，最后在校边给他盖一座房单独居住。

　　我们在西双版纳时也常与麻风病人有接触，但没去过麻风村。由于该病会令人谈虎色变，出现过不少笑话。我们在景洪生活较好，每天都买一筐水果吃。有一天，我们照例买了香蕉、菠萝吃，但有人告知说："今天街上有麻风村人来卖水果，不能吃。"我们一听，吓了一跳，以为这会中了麻风病，后来听人一解释才放下包袱。

　　据医生说，麻风病是可怕的，但传染上也不容易，有的夫妻多少年，未必传给对方。医生说，该病不是性传播，也不是一般接触性传染，而是通过血液传染，为时很快，一般三秒时间就能传染上，所以即使吃了麻风村的水果也不一定患上麻风病。

（六）孟连行

孟连位于云南西南，中缅边界附近，又是西双版纳之外，属于临沧专区，是傣族聚居区，当地最高统治者为孟连宣抚司，比景洪宣慰司小一点。末代孟连宣抚司逃往缅甸，其原配夫人尚在，还有完好的宣抚司宫殿，这些引起我较大兴趣。

我先后去过两次孟连，做了几件事：一是考古。在县城西边有一个老鹰山，其下有一洞穴，内为史前遗址，我做过调查，之后云南省博物馆发掘，发表有简报。二是考察城南白鹤山遗址，当地有一棵大榕树，常落白鹤，故名。实为一明代佛寺遗址，房子已无，仅找到一佛像，高45厘米，鎏金，我费很大劲才运回北京，不知该佛今在否？三是参观了宣抚司建筑，有不少文物，给了我馆几件，如宣抚服装、刀、伞、经书等。四是进山参观拉祜族、佤族村落。有一次看见拉祜族一长屋，长30米，内分11间，每间住一户，有火塘，这长屋保留了共食风俗，并且集体耕作，这对印证考古资料有重要帮助。

（七）一场风波

我们在西双版纳共搜集了一万件民族文物，以傣族文物为主，也有哈尼族、布朗族、佤族、基诺族文物，其中还有不少六大茶山文书。

上述文物用汽车运到昆明，但是省文化厅有想法，说："云南民族文物是省里的，先在省博物馆展一下，请专家看看，然后决定去留问题。"这下可忙坏了我们。把所有的文物开箱，摊在省馆大厅，心里很不是滋味，怎么办呢？当时方国瑜、江应梁、马曜、尤中都来看过了。他们很公允，基本意见是：民族文物很珍贵，应该尽快抢救下来，中央来人做了，云南也要跟上；民族文物是国家财产，云南很多，中国历史博物馆是国家单位，有权来收，又花了钱，不能卡下来，应该派人去搜集。同时我们又通过人事科周若冰，找她的战友——云南省宣传部长马习孔沟通，结论是把搜集的民族文物都还给我们了。

我们在云南境内搜集民族文物，对该省文物工作有一定触动，他们很快成立了民族文物征集组，由高宗裕负责，先去永宁调查，我馆袁仁林还把一个彝族奴隶主用的拴奴隶的铁链子送给了云南博物馆。后来我见到了高宗裕，他说："好家伙，你们像鬼子进村似的，把民族文物搜集一空，我们实在无力！"我说："云南很大，不必跟我们走，应该另寻地方，也能搜集到不少民族文物。"

（八）傣展"流产"

傣族文物极其丰富，傣族农奴制也有特点，因此，继鄂伦春族文物展之后，我们又在中央大厅筹办了西双版纳傣族农奴制文物展。我们先拟陈列提纲，后布置文物，每件文物都有一定说明。上边提到的陈列计划应该保留在博物馆的档案中。

展览布置好后，请领导、专家来审查，但来人很少，主要因为党中央提出"千万不要忘记阶级斗争"。政治形势大变，文化问题处于下风，尤其傣族农奴制度阶级矛盾比较缓和，"穷不讨饭，富不过万"，这是傣族农奴制的特色。这是与"千万不要忘记阶级斗争"相矛盾的。因此，该展览不能开放，把文物都撤了。

（九）再访版纳

1994年春，我去海南调查之后，因西双版纳州举行建州庆祝活动，要搞一个文物展，急需我馆文物，其中有人押文物去景洪，我从广州白云机场飞抵昆明，这是4月5日。第二天我先后拜访了杨德钧、蔡家琦和宋恩常，4月7日坐车南下，晚上住元江，第二天到普洱车坏了，修很久才继续行进，晚上7点抵达景洪。4月9日忙于修改陈列，布置展览，下午上街看看，30年巨变，路好了，车多了，楼大了，树少了。10日由江桥到北岸参观，还有制陶作坊。11日请文保所补充一点天文历法文物，原文物室所藏书籍、文物已经在"文革"中焚毁。晚上加班，修改陈列。

4月12日举行开幕式，陪朱穆之部长参观，他说："很好，文物多，文字说明短了，应搜集古建和文物，将来搞一个露天博物馆，像外国那样。"又陪美籍华人吴定一参观，吴定一也认为："民族文物很重要，应大力搜集。"晚上参观工艺品商店，有两件牙雕，一马一象，缅甸货，索价四万元一件。

4月13日，韩富林押送文物任务已完成，对傣族文化没兴趣，我只能先送他返京，然后继续在陈列室活动。

4月14日，澜沧江举行龙舟大会，一看全部为现代化表演，没劲，回招待所待着，同吴定一和台胞聊天。

4月15日参观斗牛，有不少传统文化，拍照留念。晚上仍与吴定一聊天。

4月16日，去曼菲龙寨，看民众拜佛、堆沙，这是小乘佛教的活动。在傣族家看蒸馏酒酿制方法。他们以灶升火，锅内置甑子，甑上有承酒盘，将酒并流于甑外。酿酒要杀鸡祭祀，把鸡毛插于灶头。事先必把稻米洗净、蒸熟，拌酒饼，令其发酵，再蒸出酒来。

傣族狩猎有自己的特点，要孟寨又名狩猎寨，是从泰国迁来的，以猎虎闻名。除使用弩、枪外，也用陷阱，内放一小猪，虎入吃猪，触动机关致使陷阱门关上，从而捕捉。他们使用水鹿哨、鸡哨和鸡媒。供猎神，以角状石为偶像。猎到野兽必须祭祀，以兽血涂偶像。有时也往树上涂血，认为猎神也在树上居住。狩猎有禁忌：不准打怀孕之兽。

这次了解不少生殖崇拜资料。

崇拜女阴、男根

在普文河上游，岸边有一石洞，往外流水，该洞被称为"那不席"，汉意为下阴道，石头呈乳房状，流出的水又可作乳水。傣族妇女不孕，必到此拜石洞、喝乳水。过去傣族男子会取死后女人的阴皮，套在胳膊上，据说能避枪林弹雨。以上为女阴信仰。

曼烈寨西边有一小溪，两岸为石岩，像石笋，但石较软，可入药。传说过去多征战，男人快死光了，女人多去祭上述石祖，事后可生儿育女。曼贺山上有"麻帕洛"，即石祖。其下为卡洞河，又名女阴河。人们也去祭石祖、女阴河。又传说克木人来时，让他们做一个木祖粘上红鸡毛，女人腰上也戴两个柚子，其上也粘上头发，领舞者敲打竹筒，男女随后跳性交舞。

佩戴阴阳石

傣族地区有阴阳石，主要是河光石，盘状，直径8厘米至10厘米，黑色，一面为女阴状，另一面为男根状，两性合一。也有木质的，外呈女阴状，内为男根。这些灵物由家长保管，放在地板下，不能放在房梁上。用布包好，谁用谁向家长取。平时能防盗，出行能防身，打仗可避刀枪。每月祭祀一次，一般在月圆时节，向阴阳石泼檀香水或酸角水。上述信仰是傣族固有的还是从泰国传入的尚不知，因为在泰国民间也多有之。

16-2　傣族竹制阴阳灵物

4月17日，请芦晓利帮忙带走一箱子，我搭车北上，中午抵思茅，晚上夜宿墨江，第二天中午到杨武，晚上才到昆明。4月20日返京。

十七　小凉山

宁蒗县基本为小凉山彝族，是从大凉山迁来的。彝族原是游牧民族，移动、迁徙是该民族的文化特点，从大凉山迁来的彝族建立了小凉山。

（一）宁蒗县城

来宁蒗县工作之后，原想直回北京，但必经过宁蒗小凉山彝族地区，所以又想去小凉山停一下。为此，我还从詹成绪处借一本《小凉山跑马坪彝族奴隶制调查报告》，认真看了一下，并且做了读书笔记。

1963 年 3 月 15 日，在宁蒗县政协召开一个座谈会，主要谈彝族打冤家的原因、过程和结局，座谈者多为实践者，谈得生动、具体，有不少战例，实为彝族复仇性质，但有掠夺娃子的目的。第二天，将布沙寄首送走。事后在县城访问一些朋友，拜了活佛，还交了一位朋友，即作家李乔。19 日去县医院检查身体，一切正常，没有病状，可以放下包袱，大胆工作了。同李乔、周英宣传部长到大兴散步，拍照留念。

3 月 20 日访问县公安局，想找几件民族文物，结果收获不少：搜集到浪渠知州一件龙袍，还有一件浪渠知州铜印，是清朝道光二十二

17-1　在宁蒗写生

年（1842）颁发的。还有两件官员木印。另外收一件很大的拴奴隶的铁镣，可拴七八个奴隶，是石菩萨奴隶主使用的。本想请袁仁林运京，但他怕麻烦，送给云南博物馆调查组了。

第二天拟定小凉山彝族文物清单。晚上同李乔、周英聊天。

没过几天，云南省博物馆派高宗裕、杨介去永宁征集文物，我们交流了不少看法。3月24日，李乔送我馆一本《金沙江的欢笑》，英文版小说，我说好，可以展示、反映彝族作家写彝族小说的情况。李乔是红河彝族，到宁蒗也是体验生活。

3月28日去新营盘，这里是浪渠土司的所在地。原来浪渠土司为马提台，杜文秀起义时吓跑了。由纳西族阿家当土司，该家原住白杨村，后迁至庄房村，任第九代浪渠土司。他们家有家谱，共12本，还有家族墓地，近五代传承人为阿为珠→阿国宜→阿记祖→阿洪金→阿从真。他们一直统治到1957年。目前住宅已经破烂不堪，只有门楼还完好存在，其内有一块嘉庆十七年（1812）立的石碑，名曰"永远石碑"，我曾请锡长僖同志拓一张拓片。我们征集到彝族毕摩的扇子、帽子、经书、羊卜骨、扁铃，还搜集一个火草团，供取火和织麻布之用，火草织成的麻布又称火草布，用它做成的衣服柔软、暖和，更适于人穿用。

3月29日，沙民金老师从马井子村来，带来彝族结婚用的日月纹盖头，还有羊皮口袋、毛织机、剪羊毛剪刀、漆器。彝族的"木沙"相当于楚国的漆豆，是盛食物的食具。

3月30日进一步修改彝族文物征集提纲，抄录若干彝族谚语：

> 百姓归黑彝管，但财产不是黑彝的。
> 娃子归黑彝管，财产也是黑彝的。
> 越是跟老虎走，越是吃亏。
> 树老根多，人老话多。
> 家庭好坏不在房子，有吃有喝就是好事。
> 山区不耙地也肥沃，坝区不耙地不肥沃。

3月31日去马井子村调查该族木栅房，极为简陋，内有火塘，其房子如半坡房，墙为木栅，有些地方不如半坡房子暖和，为什么如此？一是生活水平低下，对房子没什么要求；二是经常迁徙，不需要有坚固的房屋建筑。该族少年17岁举行成年礼。

（二）跑马坪

跑马坪是一个区，包括三个乡：莫家乡、跑马坪乡和沙力坪乡，位于宁蒗县城南，处于小凉山腹部。

我们是4月1日抵跑马坪的，遇见一位毕摩，于是调查占卜术。其中木卜很简单，取一木棍，然后以刀砍若干缺口，最后数其缺口数目，以其单偶定吉利与否。羊肩胛骨卜，平常杀羊留下肩胛骨，遇事取来，先在肩胛骨上，以唾液沾火草，然后点火燃之，看后面裂纹，往上裂为天气，往下裂为地气，往左裂为外方，往右裂为己方，根据情况判断凶吉。

4月2日，调查彝族丧葬仪式，涉及双方跳舞竞技，以及钻羊皮仪式。

4月3日，写"摩梭人住俗"草稿，后成文发表于《考古》上。参观跑马坪废品收购站，收购犁铧、小铁锄、刑具铁箍，还从彝族家里收到马具、弹弓、桶、木瓢、木勺、木桩、双披肩、杵臼等。看来废品收购站是民族文物的来源之一。

4月4日，拟"摩梭人的葬俗"，后来也成为论文，发表于《考古》之上。去疯子岩村，访五保户乌策，40多岁但已体弱多病，她说："三四岁被拐卖，倒卖几十处，最后到阿西海家当背柴娃子。没结过婚，没生活能力，靠五保生活。"我问她："现在跟过去比，哪个时候好？"她说："还是当娃子好，每天背完柴就没事了，吃了睡，醒来干活，不操心吃穿，我没一点能耐。"奴隶制毁了她。

4月5日，清明节，参观跑马坪烈士陵园，听一位老人讲平叛故事。

4月6日，调查彝族风俗，阿老师说彝族认为洗脸是破财，所以不洗脸。饮食喜欢吃苦荞，日常以洋芋糊为主，最好的吃食是砣砣肉，一家杀羊大家来吃，各家轮流，彝族有好客之风。当地彝族流行"马扎"，即文身，在成年礼上举行，于左手臂上，先刺花纹，后涂靛青，但仅限于女子。当地对公鸡有一定信仰。流行老变婆故事。当地彩礼重，谚语说："冤家账一日清，彩礼要一代还。"送鬼破费较大，谚语说："看接亲战斗，再去看打冤家不算什么。看到送鬼供品，过年吃的就是小事。"

17-2　彝族毕摩在用羊骨占卜

　　4月7日，我们去沙力坪。我们沿着山溪行走，燕麦滚滚，山茶花盛开，樱桃花、梨花含苞待放，春天来了。中午抵乡公所，主人煮茶款待，又吃洋芋，但半生不熟，主人说："洋芋没血，见火就能吃。"当地有一座炮楼，是大奴隶主余国栋的住宅，由于没人管，我们在楼上住了一天。乡干部说："我们要去猎熊，你们也去看看吧。"到了山里一棵树下，有树洞，据说熊就在洞内冬眠，四边有枪对准树上边洞口，另一人拿木棍敲打树干，刺激熊爬出来，以便射杀之。但是折腾半天也没动静，原来春暖花开，熊也从树洞里跑出去寻食了。

（三）归程

　　4月12日完成了沙力坪工作。第二天想回丽江，没有车可乘。决定4月13日步行到丽江，大概要走两天路。早晨天没亮我就出发了，带一盒米饭，不久步入山林，百鸟齐鸣，风声呼叫，令我畏惧，连头发都立起来了。赶到河边一看，原来是数丈悬崖，下边是金沙江水，没有路，不见桥，这时才知走错了路。又回到原路，走了80里才抵粹立村，决定在此过夜，明天过金沙江。

　　4月15日起个大早出发了，还是走错一点路，后来回正路，越过金沙江铁索木板桥，在对岸喀拉村休息，吃点饭，买四斤香蕉，又向西行，越过几个纳西族村落才抵达丽江县城。此地正过丽江骡马大会，尽管已接近尾声，人还很多。永宁文物已到，能装半卡车，汽车公司不愿运，只能等彝族文物到了一块运走。

4月16日，7点搭车出发，8点多到石坟场吃早饭，下午4点到大理，正是三月三，人山人海，热闹非凡，我们只能步行。6点钟抵龙尾城，又访汪宁生，不在。下关风大，我们早早休息了。

4月17日搭车回昆明。9点抵云南驿，吃早饭。下午5点到南华，在此休息、过夜。传说这里是"小云南"。

4月18日，早上6点开车，8点到楚雄。11点抵绿勤，改乘3点火车，晚9点就回到昆明了，与刘如仲、孙崧年碰头。

4月19日，去省医院检查身体，无症状。到云南民族所向莫扬副所长汇报工作。在云南博物馆看见胡振东，刚从北京大学分来。

4月20日，刘如仲、孙崧年去拓郑和父亲石碑的拓片，我去王汝丰家串门。

4月21日，同汪宁生游昆明，该城很小，没两小时就逛完了。

4月22日，同宋恩常谈业务，又购12本《考古通讯》，3.3元。后来参观云南博物馆陈列，熟悉当地历史。

4月27日，刘、孙去沾益，然后去重庆，月底返京。我拜访了周汝诚，他正在写"宁蒗杂记"，又读纳西族历史，最初七代为母系，后来才改为父系。他又说："在九河有一块白玉碑，以白文、汉文写成。"说明白族是有文字的民族。

4月28日，从昆明搭火车东行，下午1点抵沾益，5点改乘汽车东行，九点在贵州禹县住宿，我来滇时也住此地。

4月29日，汽车继续东行，晚上住关岭永宁镇。

4月30抵安顺，又去火车站，两点火车启动，6点多到贵阳。

5月2日抵京。

十八　两次“四清”

自我到博物馆工作后，搞民族调查正火红，从 1961 年至 1963 年，先后到大兴安岭、西双版纳、泸沽湖和小凉山调查，奠定了民族田野调查的基础，还举办了鄂伦春族文物展、西双版纳傣族农奴制文物展，应该说从民族文物着手做这些工作，既有开创性，又是一件好事。但 1964 年政治形势突然变化，中央提出“千万不要忘记阶级斗争”。1964 年下半年开始，要进行社会主义教育，所以往各地农村派出大批工作组，号称“社教”、“四清”工作。

第一次是 1964 年 8 月开始，我去西安山门口公社参加社教，至 1965 年初结束。

我到工作队报到后，留在工作队工作，担任巡视员。当时我们就住在公社，白天去各村工作组，傍晚回公社，向工作队汇报工作，总结有什么问题，下一步怎么办。像山门口、贾村、沙村天天都要光顾一下，同工作组碰头。当时我馆副馆长陈乔担任沙村工作组组长。

该公社位于西安市南郊，属于近郊，距西北工业大学较近。我们工作队除中国历史博物馆的人外，还有西安市干部、西北工业大学老师、耀县地方干部。从工作经验来说，地方干部比较顺利，北京来的人不太顺利。

当地生活比较特殊，以面食为主，工作队部有食堂，经常吃油泼面、臊子面，各工作组的人要艰苦些，他们要挨门逐户吃派饭，专门到贫下中农家吃饭，当时农民还较苦，伙食是比较差的。尽管这样，所有工作队

18-1　与"四清"战友合影

员，都小心谨慎，好像四面受敌似的，规规矩矩，不乱说乱动，连吃饭都要大众化，不敢有半点特殊。因为经常发布工作队员违法乱纪的通报，弄得人人自危，生怕出事。

我是巡视员，实为检查员、汇报员，但有时也去文博系统工作队办事，如故宫人员在大雁塔区，由吴仲超担任组长，我就去送过信，穿过曲江池时，当地的唐代盛况早已不复存在，成为一块不毛之地，尘土飞扬。我们有时外出很晚才回队部，有时路过墓地，怪阴森可怕的，但夜路走久了，也就习惯了。

有一件事很奇怪，工作队部有一个卫生员，或称巡回医生，跟我朝夕相处，相当熟悉，他听说我有脱发的毛病，就给我吃 B_{12} 药片，我吃了半个月，马上有了效果，头上长出不少硬硬的黑头发碴子，自己无比高兴，但是不知为什么没坚持下来，后来就不了了之。

西安社教回来后，在北京待了三四个月，又让我们去陕西临潼县西泉公社社教，此时已叫"四清"。这是 1965 年秋后开始的。

西泉公社因有一泉水而得名，位于渭水之南、临潼山之北，是典型农区，庄稼长势很好，因为土壤肥沃，水利充足。当地打一种井，可以自动流水不止，称"自来井"。这是灌田的有力措施。

西泉工作队由文物局副局长唐守愚任队长，李石英为副队长，三原空军机场袁政委任工作队政委。大概考虑我参加过西安社教，任命我担任办公室主任，内分民兵、党务、文秘等，有五六个人，领导让干什么就干什么，主要是文书往来，起草报告。如果明天开大会，我就要草拟报告，然后请林谷良抄清，非连夜赶出来不可。

临潼县西泉公社"四清"严重夸大敌情，工作方式也"左"得出奇，没有推行半个月，所谓"四不清"干部自杀率猛升，或者跳井，或者自刎，死了不少人。连工作队的人到各户吃饭都要查三代，找苦大仇深的家庭。后来实在搞不下去了，又推行"四清二十三条"，才比较稳定。

在该地"四清"时，发生几件令人难忘的事：

当地不吃鱼

有一次我到渭水边看庄稼长势，记得洪水刚刚过去，渭水河滩留下许水坑，里面还有鲤鱼。我看见两位洗衣服的妇女，正在抱着鱼玩，一条有五六斤重，我跑上前去询问，才知她们在玩鱼，而不想吃鱼，她玩一会儿就把鱼放了。我们顺便又捉住，提回工作队煮着吃了。这件事令我想不通。过去我们在西安参观半坡博物馆时，发现那里有骨鱼钩、叉鱼用的鱼镖，有的可能是带索标枪，这说明在 6000 年前，仰韶文化的人们是吃鱼的，还有不少捕鱼工具和技术，但是 6000 年后，当地居民怎么就成了禁食鱼主义者？是移风易俗，改变饮食习惯？还是改变了居民成分？这件事令我百思不得其解。

有人坠入地下

有一天我们正在西泉公社吃饭，稀粥加馒头，还有咸菜，吃得正香。突然南村有两个人跑来，急急忙忙地说："不好了，我们有两个人打井时，掉到地下了，现在不知死活，你们快去帮助抢救一下。"据我的分析，一定是挖井时遇到古墓，两个人掉到古墓里了，不会有大事。于是我说："不要怕，我去办理。"我领了一位解放军通讯员，火速奔往现场。的确农民正在打井，已初具规模，约 2 米深，直径 1.5 米。在井底有一个窟窿，两个挖井人正是从此掉下去的。我们用电筒照几下，洞下为古墓。我跳入墓中，两个农民已经苏醒，有点外伤，但惊吓过度。我们把他们拖拉上岸，不久就好了。我跳下墓时，双腿正踏在木棺上，棺板上下还有弹性，棺材尚在，比较简陋，尸体已腐烂，旁边发现一个旱烟袋锅，还有一个砖制的小墓志，一看就是明末清初的墓葬，还发现几枚康熙铜钱。这样一场虚惊就平息了，回工作队一说，大家才平静下来。

唐代墓志

西泉工作队基本是文博界的同志，对文物比较重视，尤其是副队长李石英，每逢遇到文物时便打破砂锅问到底。各村遇到文物也向工作队汇报。西泉西边有个贾村，当地自然环境较好，当地有两句谚语：

> 进了贾村坡，掉进玉米窝。
>
> 天旱三年，风箱拐拐拴骡马。

前一句讲贾村是农业生产区，盛产玉米，号称"玉米窝"。后一句说当地怕旱，如果三年大旱，就没饭吃了，连风箱都不用了，可在风箱"拐拐"（把手）上拴骡马。该村是一个古代文化遗址，现在窑场挖出许多大探方，从中看出是仰韶文化、龙山文化遗址。出土有玉器、石器、陶器，也出土历代墓志。我们建议村里应多加保护，出土实物应交给临潼博物馆。在贾村西北有一个坡底村，村落较大，正处于土崖上，出土文物也不少。村民李思俊送来一块"铅砖"，实为秦砖，他说："枕此砖睡觉，可以去火。"我们又跟他去现场观察，当地有一座东汉墓，出土过陶罐、陶仓，由村民李怀勇收藏，经过我们耐心说服，他把以上两件东西送给了我们。我们返京后，又把两件文物交给了中国历史博物馆。李石英是我馆保管主任，对收藏文物有较大兴趣。当时秦代兵马俑还没发现，但有一个临潼博物馆，里面有不少珍品，其中有一件坐式秦女俑极为精美。西泉出土文物没有突出的，仅有一件唐墓的墓志相当好，是唐代一位将军的墓志，书法精美。听说王冶秋知道了，让唐队长搞一张拓片送往北京，具体拓印是林谷良经手的。后来回北京，有一次我去唐守愚家串门，该墓志就放在他家客厅中，不知后来到哪去了。

西泉排水

西泉公社后边有一个水池，东西 30 米，南北 40 米，以石砌边，岸边有垂柳，传说其中有一个泉眼，一年到头都有泉水流出，即使天旱，西泉的水也是充足的，那时民众都取西泉水饮用。因此当地流传不少西泉传说，认为是神泉，"里边有蛟龙"，"谁动泉水谁伤命"，等等。泉中有不少鱼，人们也不敢捕捞，而且说鱼长得很大，有人说"泉里的鱼就是龙子、龙孙"。工作队是革命的队伍，绝不信上述传说。李石英副队长亲自主持，调来抽水机，没用一天时间就把西泉水抽干了，里边没有大鱼，仅有三四两重的小鲤鱼，共有二三十斤，也没有发现其他东西。这样西泉神话传说是否可结束了呢？没有，群众中马上有人说："原来水里鱼可多了，一听说要把水抽走，龙王把龙子、龙孙都领跑了，是从泉眼走的，都到渭水去了！"工作队把打上来的鱼熬成一锅，正赶上工作队开全体会议，乘机吃掉了，改善了一次生活。龙王也没发威。

贵妃池沐浴

1965 年初，困难时期早过去了，吃的、住的都可以，但洗澡比较难。我们经常乘机到临潼去，去贵妃池洗个热水澡。当时临潼还相当破旧，基本没有旅游活动，我们去临潼先是爬山，看看捉蒋亭。当地还有一个风俗叫"三月三单子会"。每到该日，青年男女都到女娲庙附近约会，情投意合的还可同居，不然带单子（床单）干什么呢？由于当时正搞"四清"，民众都怕挨整，单子会也不过了。按民俗学的说法，这不是三月三上巳节吗？没想到当时还保留了活态的上巳节，这是求偶节、求子节，太古老了，又太露骨了，只能到山上过，但女娲还是见证人。

话说回来，我们在临潼玩耍之后，要去华清池洗温泉，都是一间一间的，每人租一间，上为休息室，下为浴池，价格便宜，人也不多，我们经过洗浴之后，才步往西泉，行程不过一两小时，是下坡路，很快就到西泉公社了。

西泉"四清"，较山门口社教好多了，对"四清"本身比较熟悉。在西泉吃住也好多了，还有一定余暇，给我们留下不少有趣的记忆。

十九　动乱岁月

1966 年，"文化大革命"来得特别突然，全国到处成立红卫兵，大肆破"四旧"，抄家者比比皆是。当时我家住在张自忠路铁狮子胡同一号，天天看"热闹"。有一天人民大学红卫兵来抄某些教授的家，把人家东西搞得乱七八糟，有一位教授收藏不少战国陶器，也被砸烂了。当时我女儿宋萱五岁，还在红四楼戊组门口供红卫兵喝水呢！当时古书、字画、古玩、家具，到处都有，或者焚烧，或者土埋，有的偷偷丢进北海，没有人敢出来过问，生怕与"四旧"沾边，这对传统文化破坏极为严重。

运动来得突然，出现不少难以预料的事，我有一个同窗叫陈慧和，毕业后分配到考古研究所资料室，业务不错，字写得好，人很内向，出身不好，似乎暗恋一个同资料室的人。他与徐萱龄属大同乡，加上同窗，常来我家玩，每逢周末都来，有时共餐。"文革"初期他受到冲击，说他是"地主狗崽子"，贴了他一些大字报，他畏罪喝了敌敌畏，其实他何罪之有！只怨那几天他未来我家，有心事不能表白、发泄，只能把郁闷带到另一个世界了！

我自己出身好，历史清白，社会关系也好，大学毕业后又经过两次"四清"锻炼。"文革"初期是受重用的，负责馆内资料组，也常列席馆长会议，并被选入中国历史博物馆革命委员会，是响当当的革命派，据说当时领导就想把我培养成馆的领导接班人。

当社会上揭发"三家村"（"三家村反党集团"是林彪、"四人帮"、康生、谢富治等制造的大冤案，1979年彻底平反该冤案）时，中国历史博物馆也格外关注，认为邓拓、吴晗也直接或间接地干预过通史陈列。我个人也根据当时的认识，错误地参加了揭发所谓"三家村"在历博的活动，以为是革命行动。但后来批判资产阶级反动路线时，我反成了批判对象，足足被批判了半天，

19-1　"文革"时在博物馆

劈头盖脑，说是"反党反社会主义"，什么罪行都有，自己也由一个革命战士变成了革命对象。这是我有生以来得到的最大、最严重的冲击。批判不等于结论，还没给我定性，但结果是把我弄得人不似人，鬼不似鬼，臭烘烘的。当时我最关心的是爱人的态度，她倒不以为然，反而说："我了解你，不可能反党反社会主义。要有自信，不过不管压力多大，你不能说假话，一定要实事求是。即使把你打成反革命分子，发配到新疆劳动改造，我也会奉陪到底。"这些话，使我踏实多了，后院安定了，前院爱怎么闹就怎么闹吧。

怎么看待上述事件呢？今天想起来，有三个原因：

第一，我读过《论共产党员的修养》，把它视为自己的行为准绳，甘当"驯服工具"。

第二，在"文革"中，人们的思想被蒙蔽了，怀疑一切，打倒一切，馆内的问题也变成革命对象，但争论的焦点是权力，我又愿当"驯服工具"，必然被别人利用。

第三，自己也有被利用的弱点，自己认为出身好，社会关系清白，但缺乏独立思考，而甘愿做"驯服工具"，这样头头让干什么就干什么，而且因为自己的驯服思想更容易上当。

因此，我在"文革"之初，自己害过人，又为人所害。

受冲突的最大益处，是自己老练多了，慎重多了，一不想让任何人利用，二要以毛泽东思想为准绳，同几个人成立了"紧跟毛主席战斗队"，保持自己的发言权，参加各种活动。但自己没参加任何组织和联席会议，所以后来所谓的"五一六"与自己无关。

以上为 1966 年至 1969 年的事。后来我去了江西余江"五七"干校。干了大半年，又调回馆里参加整党建党运动。

我家原住张自忠路人大宿舍。我先回北京，后来徐萱龄分到清华大学，先当附中历史教员，后来当刘仙洲的研究助手。我们只能搬到西郊居住。那是 1970 年 1 月 19 日，我家雇一辆马车，就搬到清华大学了，住在小西门西四楼，虽然是筒子楼，但给两间，还住得下。后来又分一个单元房。这种搬家，对徐萱龄是有利的，她骑一辆自行车上下班相当方便，我就痛苦多了，除坐公共汽车外，经常骑自行车上下班，每天两个小时，还好那时人少车稀，来回比较方便，但我经常住在馆内，只有周末才回清华。

其实，在 70 年代初，我还是"逍遥派"，上头不让我工作，要审查我。我是一个心宽的人，决不耽误自己，该读书就读书，写杂记，周末就出去玩。当时清华和圆明园生态较好，我看到有一位军官经常在圆明园捞一筐虾，据说可做虾酱。我领赵家英等人也去圆明园捞虾、捉蛤蟆，玩得很开心。当时从清华西门内有一条河，水也是干净的，大雨过后常有游鱼、螃蟹，后来海淀有一个化工厂，把河污染了。此外，我也趁机拜访过不少老先生，如石钟健、王静如、杨堃等。有一次石钟健先生对我说："你现在在学术上，已经做出不少成绩，又有特点，应该理直气壮地出现在社会上。"这些话对我是很大的鼓励。

在我当"逍遥派"时，大家都有工作可做，唯有自己是上班来下班去，不干任何事，只好自己安排读书、写作。但也有外来干扰。有一次咸宁干校来一个军代表，又带一个女士，在南馆外宾接待室找我谈话，他说："你能谈谈张文彪参加'五一六'的经过吗？"我一听好笑，就说："听说'五一六'是一个秘密组织，向来不对外公开材料，张文彪又是另一个群众组织的头头，他参加'五一六'能告诉我吗？"军代表是一个小排长，粗暴地跳起来，说："你胡扯，目的是包庇。"我也没客气，对他说："解放军是讲究'三大纪律八项注意'的，你说我'胡扯'，这是骂人！"他说："'胡扯'不是骂人，是口头语！"我说："'胡扯'就是骂人，你不信，我去图书馆把词典找来。"于是我起来就走了，根本没去找词典。军代表对我没辙，不知是畏惧，还是自感找错了对象，不了了之，再没找过我。张文靌是我的下班校友，也分到陈列部工作，军宣队想抓他"五一六"，没有结果，后来他调回石家庄河北师范大学工作了。

1974年夏天，我馆去顺义拔麦子，下了两天雨，几乎是抢麦子，还看见刺猬偷麦子。我们回馆后在北门广场下车，我正站在后槽梆附近，先下去两个人，没打招呼，就放下后槽梆，将我甩于洋灰地上，大概是因猛烈撞击，我的左大腿骨发生粉碎性骨折，先用汽车运到积水潭医院，人家说合同医院不是他们，又把我拉到北京医院，以牵引方法，慢慢让骨折合拢，长起来。这样我在北京医院住了100天，结交不少病友。最后一天下床，改坐轮椅，还没在医院院内转转，就让我回清华家里了。我又在清华休息了半年，才丢开双拐，可以自由活动了。不久到机关上班。在北京医院期间，我以读小说度日，这对熬日子大有帮助。当时医院距家遥远，夫人和宋萱一有空就进城帮助我洗洗身子。

上班以后，还是读书、写作。1975年开始让我工作，我感到业务生疏，想出去看看，于是有了西北之行。这还不行，又把我半途召回来。总之，打你成反革命不行，炮打康生不行，就不让你工作，列为"下放人员"，又出几张大字报，要求我下放干校劳动，因为头一次在干校时间短，非要补足劳动时间不可。因此，我1976年又去河北石家庄国务院干校劳动一年。由于其间康生事发，我的问题才彻底解决。

二十　干校当猪倌

我去过两次干校，都与养猪有关。

（一）人大余江干校

这是 1969 年冬天，"文化大革命"进行了四年，突然又要打仗似的，干部也成了累赘，上边命令一下，北京各单位除有少数人留守外，大部人都到农村去，到干校生活。当时中国人民大学宣布解散，全部到江西余江干校。我们单位还保留，都要去湖北咸宁鲤鱼洲干校。那时有一个规定，夫妻在两个单位的，可随一方去干校生活，于是我们夫妻同去江西余江干校。

准备工作很仓促，对未来也失去信心，将来还能回北京吗？不得而知。那时我们有一个女儿，原来去上海外婆家待了半年，回来就像个上海小孩。这时已经上学，带往江西，太小了，又是女孩，遂把她委托给外甥张云峰家。我把一些笔记等也带去请他保管，他是首钢工人，是社会风浪刮不到的。我们有一个从上海运来的大衣柜，放在我馆马师傅家了。我们轻装去了江西。

初冬江西雨水还较大。我们住在余江一个山村，这是干校学员的住家，每家都有一个宿舍，北边为高山，山脚为村落。有一天正在吃中饭，下着瓢泼大雨，听见巨雷响几声，不久传来一声："山上有人被雷劈了！"既令人沉痛不已又令人心有余悸。不久，我们开赴三十里外的干校。人大干校坐落在一方丘陵地带，矮山很多，远看是大山，近看全是火山岩，硬度极低，居民都喜打石头盖房子。

我和徐萱龄都分在基建连，唯一的工作是凿红石，为建房提供材料——当时干校没房子住。这项工作简单乏味，日复一日，是修身养性的机会。大家都住在大工棚内，男女各有一座，每天都在猪倌房吃饭。

有一天中午，应该是周末，要杀猪改善生活，但几个人都抓不住肥猪，大家都是知识分子，四体不勤，五谷不分，怎么会抓猪？可能看都没

20-1 夫妻在张自忠路留念

看过抓猪的。我从小生活在农村，没抓过猪，但知道抓猪方法。我虽然个子不高，但正值年富力强之时，就说让我试试。我把绳子别在腰带上，两三个健步就抓住了猪尾巴，双手往上一提，猪后腿悬空，前腿难以支地，东倒西歪的，我趁势将猪摔倒，用膝盖压住猪背，迅速用绳子把猪拎住了，于是快捷地完成了抓猪任务，整个过程不到十分钟。

这么一表演，引起在场学员的好评，有的拍手，有的称赞，养猪班的同志也说："连长，把老宋留给养猪班吧，我们就缺他这样的人！"连长点头批准，这样我就到养猪班了。其实我也挺高兴，因为我不愿干那种枯燥的打石头的活计，养猪我比较顺手，挺自由的。

原来养猪班有四个人，二男二女，都是老弱病残，胡华教授也在其中，我算是生力军了。主要工作是准备饲料、饲料加工、喂猪、扫清猪舍、配种、接生等。周末为连队提供一头肥猪。饲料比较充足，除粮食外，还有一个养水浮莲的水池，每天都捞两担喂猪，但下水时容易遇上水蛇，怪吓人的。饲料加工、喂猪基本是女同志的事。脏活重活我干，然后去水渠洗澡。母猪闹槽就要去农场配种。过去他们把母猪拎住，用板车拉去，我却

赶着母猪去农场。其实有的母猪去过农场，去过一次它自己就认路了。

　　我就住在猪倌房，晚上能听到猪的打鼾声。睡前常去邻居牛倌家玩，在那里认识了曾捷和陈小虎。后来我和曾捷成了好朋友，常到他家玩。宋萱在人民大学读书期间，多蒙他的照顾。

　　余江干校没什么娱乐活动，我们有两种放松方法：一是周末去旧山村住地，或者去鹰潭、南昌玩，吃好饭，住旅馆，我们还游过鹰潭道教圣地二龙寺。二是我爱满山跑，寻找古迹，结果真在一个山坡上拾到一把有肩石斧，说明在远古时期此地已有人类活动。有时也在水池中钓鱼。有一次钓到一只乌龟，很大，怎么也拉不上来，后来乌龟咬断鱼线，跑了。

（二）石家庄干校

　　1976 年，对我的审查不了了之，又恢复了党籍，重新让我工作，但还免不了变相挨整，理由也是有的，因为我在余江干校才待七个月，不够年头。但是我骨折刚愈，干不了重活，我同领导谈了。杨振亚馆长说："去要去，身体可照顾。"我想当时他也有很大压力。我到石家庄正定国务院干校。具体是在基建连当秘书，连长是我馆刘胡来，政委是国务院的高同志，顾问是故宫博物院于师傅。我大概干了两三个月，觉得自己不会伺候人，要求改任猪倌，因为猪好养活，自己能伺候。领导同意了。

　　养猪，是我在第一次干校时就干过的活儿，这次又养猪，应该说是得心应手。每天备饲料、喂猪、打扫猪舍、起圈，但养的全是肥猪，没有母猪和仔猪。主要任务是为干校提供肥猪。怎样才能把猪喂大、喂肥，一直是我思考的问题。我认为主要是加大饲料供给。在猪舍前边就是食堂，我的好友余庠又在食堂工作。我跟他谈了养猪在于饲料要好，能否每天晚上提供三十个剩馒头，他满口答应。从此，我们每天晚上交接馒头，然后再把馒头丢进猪舍，每个猪圈五个馒头。常言说："马无夜草不肥。"猪也一样，由于特殊加餐，经过两个月的努力，我把猪养得膘肥体壮。每个月都能给干校提供一头大肥猪。干校领导以为我喂猪有奇方，还公开表扬我。

其实，我们是偷着给猪加餐的，头头要知道底细，一定整死我。

在石家庄干校期间，也经历了不少政治事件。

当时最大的事是周总理去世，全校举行了悼念活动。其时政治形势比较复杂，议论纷纷。唐山地震期间，我回家探亲。大家都住在清华大学院内，有家也不能回去住。有一次我同徐萱龄回家取东西，她谈了不少情况。当时她参与"批林批孔"展览，与谢静宜等有接触，也见过江青，她说："江青来清华看过展览，其人不善，将来是要闹事的。"我说："不管怎么样，我们应该做一个正直的人，不能跟风、跟人。"

我在石家庄干校时也是如此，有一次我同故宫博物院小王在树林里玩，小王就公开大骂："江青是什么玩意儿，在中央搞得乱七八糟，将来她好不了。"他又说："你不会告发我，所以才敢对你说。"不久，"四人帮"被抓了。

国务院干校生活还可以，三年困难时期已经过去，娱乐活动除有些演出外，一般是找一些乐趣。我在宿舍前挖两个土坑，内种两棵葫芦，每天精心浇水，秋天长了两个大葫芦，挺有意思。每逢周末，我们不是去石家庄玩，就是到滹沱河畔玩，洗澡、采蘑菇。当地植物很多，树上常长木耳，我们经常采蘑菇、木耳，并以此为乐。

当时干校管理很"左"，缺乏人情味。中华书局有一位女同志，上海人，为人很随和。她丈夫来干校看她，晚上她要求同丈夫去石家庄过夜，但干校坚决不准，使她痛哭不已。当时徐萱龄正赶上"四人帮"垮台，有不少想不明白的事，几次写信给我，要求我回家一趟，我去请假，干校也不准，让我碰了一鼻子灰。

更恶劣的是，听说中国历史博物馆来一封信，大概是公文吧，在干校路上丢了，被人拆开，看后又把信丢于原处。这是谁干的？不得而知。干校有个保卫科，其中有一人找我谈话，说："有一件历博的信被拆了，看后又丢了，不知你知道否？"我听后十分气愤，不客气地说："对此我一无所知，情况还是你告诉我的。看来你知道的比我多。至于要破案，聪明人一点不费劲，利用现代的指纹技术一查，就知道是谁拆的信，信和信封上都会留下指纹。你们查不了，请公安部门查也行，这样就能知道是哪个兔崽子拆的，又是哪些兔崽子看的。"我这么一骂，他急忙打住，说："别说了！"原来看过信的人就包括他和干校领导。

二十一　无据的审查

我在干校生活得好好的，1970年12月1日突然寄来一封信，称：

宋兆林（麟）同志：

　　你去人大五七干校锻炼已将近半年的时间，在思想革命化方面一定有较大的收获。我馆目前正遵照伟大领袖毛主席的指示，开展整党建党运动，为了使广大党员在这次运动中受到一次深刻的马列主义、毛泽东思想教育，为此馆革委会研究同意你回馆参加整党建党运动，已经给你所在干校领导寄去函调，请你接到通知后尽快回京，致以无产阶级大革命敬礼！

中国革命历史博物馆革命委员会

1970年11月25日

上述通知，写得很革命，我只能按章办事，12月17日离开干校，在上海岳父家停了两天，回京仍住在张自忠路铁狮子胡同一号，还保留一间房子。12月26日去博物馆报到。28日正式上班。绝大部分人都把我视为瘟神厉鬼，不敢搭话，敬而远之。这是为什么呢？我首先要搞清情况。

　　陈列部最爱写日记的是张振新，他每会必记，其中必有底细。我找他想看看日记，他拒绝了。有一天我在博物馆走廊看见文物保管员陶艾新，人极老实，向来不多言语，她见到我偷偷地说：“让你回馆是交代炮打康生的事，领导说的，其他都是小事！"经她这么一说，我觉得应该去找文物局领导的讲话记录。

　　经过一定努力，同事刘如仲给我提供了一本会议记录。从记录上看，周总理在 1970 年 5 月 14 日有一段关于龙潜的讲话，同年 9 月 19 日在博物馆传达，周总理讲话并没有我的事，但某领导在其中有不少插话，大讲我的事，内容如下：

　　　　我们正在搞一打三反，不是搞哪个人，要把问题搞清楚，广大革命群众是没问题的，但个别人有问题，如宋兆麟，跳得那么高，其实他家是恶霸地主，他叔叔是典型走资派，是长春市委书记，已经打倒。他父亲是反革命，1956 年辽阳公安局把他逮捕了。当时宋兆麟正在北京大学念书，向中央写信，为其父翻案，结果放出来了。他是包庇反革命。当地有句民谣："能过山海关，难过半拉山。雁过要留毛，人过瘦一半。"

　　　　半拉山是宋兆麟老家。他父亲当大队长时大搞投机倒把，无恶不作。宋兆麟打龙潜最厉害，训练一班打手，平常练举重，举石头墩子，专门打要害的地方，他打完了出来还说要文斗，不要武斗。宋兆麟是一个大人物，为什么让他走了？是谁把他放走的，这不留一个祸害吗？原来我只知道他写过炮打康生的文章，昨天又听说，《文物》不登他的反康生文章，他还去文化部提出了抗议。

　　会上点我的名字，狠批我，这对一般人来说，吓也吓死了，难怪有人在我馆散布说："要是我，还不如自杀呢！"可惜我没有自杀的软骨病，我怕什么？要想抓我，又没有证据，除非康生亲自调兵遣将。既然是无据的攻击，我就不在乎了，反而增强了我的斗志。没做亏心事，不怕鬼叫门。不过，既然是头头讲的，一时又澄清不了，恐怕是持久战，让我靠边站，我必须有耐心，有智慧，不能耽误时光，我应该多读书，做学问。

不过，领导的讲话在当时对我的确有恶劣的影响，我该怎么办？

必须向军宣队讲明情况

常言说，"大话压死人"，必须认真对待。目前负责各单位具体工作的是军宣队，他们是代表国家行事的，所以我必须向军宣队讲明情况。1970年12月30日、1971年1月23日、2月22日、3月12日等日，我都找过军宣队。当时军宣队有两个领导，一个姓刘，另一个是王怀志。军宣队讲明了调我回馆的目的。我也开门见山地说："领导传达周总理讲话之时，插话说了我许多莫须有的政治问题，听众也不知情，一片混乱。"我又说："在此基础上审查我，不合党的规矩……我希望你们秉公行事，保证党的政策不变样。"王怀志说："插话是个人看法，你也可谈自己的看法。我们没有给你下结论。你该干什么干什么。"军宣队的讲话有相当水平。我向军宣队讲了五个问题：

一、我家是下中农，不是恶霸地主；

二、父亲是农民，鞍山市劳模，所谓"反革命"是错案；

三、我叔叔是长春市委书记（后为吉林省委书记），康生想抓他走资派未果；

四、炮打康生文章，不是我写的，是别人写的，具体什么情况，目前我不想说；

五、我没举过石墩，没训练打人队，也没打过龙潜要害，否则他早被打死了。

以上可调查、核实，让事实说话。这就是我向军宣队反映的情况。

正确应对专案组

有一天我突然被叫到北门厅，有十二个人围成一圈，据说是"宋兆林（麟）专案组"。军代表说："为慎重起见，我们组织专案组，请你交代炮打康生的事。"我没客气，说了两条意见：

第一，你们专案组是根据某某讲话成立的，其内容不堪一驳，我已向军宣队谈过，此不重复。但愿你们成功，不要瞎子点灯——白费蜡。

第二，你们所调查的事项，基本都子虚乌有，只有一条炮打康生的事，有一点情况，可以声明的是，不是我写的，我不怕。确实有人写过，什么情况，调查才能明确。对此，我也不想说，因为你们调查组有他的"哥们"，既然如此，我在这里说可以吗？你们不担心，我可担心泄密。军代表明白，马上叫停。

这个专案组好像是一群乌合之众，被我一攻击，就散了，再也不找我的茬了。

军宣队肯定是调查的，但是很慢，对我也只能吊着，既不用我，也不敢碰我，我就成了一个"逍遥派"。在这种情况下，我不能丧失信心，还要做一些实事，主要是读书，写点文章。有一次我到图书馆借书，主管者是"六班"干将，派性十足，对我说："你无权借书。"我说："下次必要借书，你不信等着瞧。"我马上向军代表打了一个报告，说："让我斗私批修，又不借马列主义书给我，是真革命还是假革命？"于是军宣队马上给图书馆打电话，要我像其他人一样，也可以借书。于是我能读各式各样的书。但文章写多了也不行，因有人说什么"让他逍遥，天天写文章，将来没事了，还会经常发文章，这还了得"。

21-1　在逍遥中写的书

当时我在五楼活动，在历博、革博各有一间房，可住，也可读书，每天必打一壶开水喝。读书累了，就到南馆花园干点体力活儿，主要是看护葵花生长。秋后收了两麻袋葵花籽，到新年晚会上，我还送给联欢会，说："我干不了什么，只能在花园种点向日葵，但朵朵葵花向太阳，表达一个共产党员的心愿。"

军代表刘主任，对我总是躲躲闪闪的，不大跟我谈事。他离馆前夕，才说出真心话，他说："我们最难对付的就是你了，弄不好就被套进去了，所以我们都敬而远之。"我说："别这么说，我还挺感谢你们的，否则早让人家打成反革命了。我并不可怕，我的原则是人不犯我，我不犯人。现在都过去了，过去是没事找事，想把一个好人打成坏人，当然是整不成事。"刘主任说："我们没有整人，谁整人你知道。"我笑了笑。

军宣队离馆后，一切大权归馆领导管。馆长叫杨震亚，比较有魄力，办事也公正。我主笔写了《原始社会》，他说："这本书写得好，用马列主义观点，结合中国史料，说清了中国史前史。"听说他是太行山第二地委书记，与家叔同事过，在某位老同志的追悼会上，杨馆长曾问家叔："宋兆麟是你的侄儿？"家叔称是，杨馆长很惊讶。但当时文物局就是不同意我恢复党籍，又没有具体理由。听说文物局局长去美国出差，杨震亚时任文物局党委副书记，他就趁机讨论我的党籍问题，不久宣布恢复我的党籍。所谓"宋兆林（麟）专案"也成了泡沫，这就是历史给我做出的结论。

二十二　西北参观

　　从石家庄干校返回北京，已经是 1976 年了。对我的审查似乎还没有完结，一直不让工作也说不过去，最后只能让我参加内容设计工作，可以搞业务了。但我多年没有搞业务，对学术界的新发现比较生疏，希望出去参观一下，这一愿望也引起同室黎家芳、杜颜西的共鸣，于是共同提出去西北参观的要求。馆领导认为这样也好，可给干部充电，提高水平。

　　1976 年 6 月 8 日晚，我们搭火车南下，第二天早晨抵达郑州。参观河南省文物展览，古代文物不少，革命文物更多。在原始社会部分，有大河村遗址的四间套房，过去不见考古发现，参照云南拉祜族长屋事实，它应该是父系家庭的住址。淅川仰韶文化分早晚两期，早期 28 号房址面积达50 多平方米，居住组织相当庞大；晚期出土有猪肩胛骨占卜的遗物，还有石耙，相当大，有人认为是石犁，显然不确，可能与信仰有关。下王岗遗址 20 号房址内出土两个瓮棺，还有猪头随葬。小孩死后埋于室，是表示亲昵关系还是弃旧屋建新屋，令人思索。195 号墓，头身分离，东西少，身份可能与奴婢有关。此外，还有李家村出土的青铜器、郑州古荣出土的大量铁农具，清末李文成领导的天理教起义使用的铁剑上阴刻有"天理敬制"四字。下午同安金槐、曹桂岑、韩绍诗等同志座谈下王岗文化，晚上与许顺湛谈考古界诸事。又与杜耀西去看王珍同志。

　　6 月 9 日，在文物队谈河南考古新成就。

　　6 月 10 日晨离开郑州，中午抵洛阳，访洛阳考古工作站。15 年前曾在此考古实习。今天又与北京大学考古实习队交流，晚上与师生谈论业务诸事。

6月11日，先看洛阳考古工作站陈列室，后参观洛阳博物馆，主要有孙旗屯、临汝、王湾、煤山出土遗物，文物珍贵。下午去洛阳文物工作队，与官保同志交谈。

6月12日早晨搭火车西行，下午4点抵达西安，在省文化局招待所与我馆张荣、刘家林相遇，谈及西安行程。

6月13日，上午参观西安市博物馆。下午参观陕西省博物馆，主要是姜寨仰韶文化。晚上去西北大学看同窗孔哲生，谈至9点半。

6月14日，熟悉李家村文物。中午参观姜寨遗址，由巩启明介绍发掘经过。中午去临潼吃饭。临潼市容大变，已经不是十年前我在此看到的穷乡僻壤。晚上看秦腔演出。

6月15日，搭省馆汽车，去咸阳参观咸阳博物馆及有关古迹，当地文物甚多，是研究秦文化必来之地。

6月16日，去省博，与王仁波、石兴邦交谈业务。在招待所遇冯敏、汤池等同志。晚上又与王仁波谈业务。后来咸阳博物馆王鹏飞来访。

6月17日，参观半坡博物馆，巩启明陪同，看见张蓉华。我已经是第三次访问该馆了。

6月18日，在半坡博物馆座谈，晚上同北京大学高明、赵朝红谈考古新发现。

6月19日，去临潼参观秦兵马俑。

6月20日，向馆里汇报，由张荣带回去。与北大李志义聊天。下午由外事处出车，去长安兴教寺，参观玄奘墓地。中国古文化有不少外来因素，佛教带来不少东西，玄奘是一个伟大的传播者，令后人敬仰。归途参观杨虎城陵园。晚上搭火车去青海。

6月21日，天亮过天水。上午11点抵兰州。下午5点到西宁，有省文化局同志来迎。住青海宾馆。

6月22日，天降小雨，行至西关，见一老人在打绳子，拍摄留念。当时西宁相当落后，郊外还以二牛抬杠耕地。

6月23日，向省文化厅禀报来意，听了文物队禀报，基本知道青海近来考古动向。

6月24日，由赵队长陪同，乘车去碾伯（乐都）柳湾工地，是仰韶文化墓地，也有齐家文化，彩陶无数，看见了阴阳人陶壶、舞蹈盆。猎具少，农具多，无石铲，可能以火耕为主。我们在考古工地住了一个晚上。

6月25日，参观柳湾附近村落，拍了不少老式农具。后进碾伯城，看了彩陶展览和库房，真是彩陶的世界。晚上住城内。天黑前参观大古城，当地谚语说："先有大古城，后有碾伯城。"大古城指南凉古城，建筑在先，至今留有南凉石刻、寺院遗址。

6月27日，抵达兰州，先由薛英群介绍甘肃考古，参观省博物馆，规模较大，重点看了鸳鸯池等马厂文化、武威皇娘娘台齐家文化，对半山文化也了解一些。晚上看省馆库房。当时有半坡博物馆来人，我们又交谈良久。

6月28日，继续参观省馆陈列。武威、广河的考古资料对研究私有制有一定帮助。晚上同考古队长耀帮胡、负安志等同志交流学术状况。

6月29日，北过黄河大桥，登塔山，看滔滔黄河等兰州景色。下午见北大李伯谦及实习学生。又在博物馆看见李承仙，自敦煌别后再未见面，故人相逢，格外亲热。他们刚从"牛棚"出来，又没安排工作，有些孤独之感。李承仙非要我到她家不可，盛情难却，加上想拜访一下常书鸿先生，我们就去了。常先生身体不错，记忆好，谈笑风生，大批"中国文化西来说"。我们在他家吃的晚饭。饭后由其儿子把我们送到火车站，我们就前往银川了。不久，常书鸿先生担任文物局顾问，此乃国家文博事业的幸事。

6月30日，抵银川后，先参观宁夏回族自治区博物馆，还有出土文物展。对当地历史脉络有所了解。

7月1日，参观市容，该城分新旧两城，又名北塔区和西塔区，西依贺兰山，东面黄河，古代西夏王朝在此崛起不是偶然的。下午乘车去贺兰山，参观西夏王陵。西夏王陵封丘高大，林立于地，说明当时规模是很大的。据说当年在此驻军达五万人。蒙古攻西夏很不顺利，成吉思汗就是在此受伤而阵亡的。因此蒙古铁蹄痛恨西夏，攻克后挖其祖坟，敲其墓碑，我们所见墓碑皆为打碎后的石块。这是当时蒙古灭西夏惨烈之证明。整个参观由钟兀陪同、讲解，此行还认识了北大校友李范文，他是研究西夏文字专家。

7月2日，去贺兰县、暖泉等地参观，当地很穷，考古还方兴未艾，难处不少。下午4点返回省城。傍晚上火车，东去呼市。

7月3日，到呼市后，先参观"劳动创造人"、内蒙古出土文物展、"批林批孔"展。后来见到雕塑家文豪，谈了别后观感。晚上有贾洲杰来访，谈辽代考古，认为东西不少，整理研究不足。

7月4日，参观伊金霍洛旗朱开沟遗址，内有仰韶文化、龙山文化和商代文化。田广金主持发掘。他是北大61级入学的，正是我去录取的，我还当过他们几天班主任。此外还看了匈奴文化遗物。晚上请汪宇平先生讲呼市东郊旧石器文化。

7月5日，搭车返京。

此次西北参观，实际走访了六个省区，包括河南、陕西、甘肃、青海、宁夏和内蒙古诸省区，为期约一个月。收获是很大的，主要对中原、西北和北方史前文化的特点和相互关系有了较多了解，对私有制的起源有所启发，对丝绸之路的认知也有一定进步。不过，西北参观也有副作用，可能在兰州宾馆期间，穿了带有脚气的拖鞋，自己也染上了，后来费了很大劲才治好。

对于我们的西北业务参观，馆内也有个别"杂音"："一个有问题的人，怎么能出差考察？"上面每天都给中国革命历史博物馆下令牌："速将宋兆麟调回北京。"博物馆领导也顶不住，只能通过博物馆办公室主任赵有光打电话给我们，要我们尽快回馆。我们是回馆了，但我们达到了目的，完成了任务。这次与上次从干校回来的调查不同，这次我已经不是反革命对象，而是可以工作的革命群众。日子就这样过着，脓包却已接近捅破。因为我知道一个内部消息，自1976年10月6日粉碎"四人帮"后，中央正在为某些干部复出做大量工作，对"四人帮"也在进行揭批。"文革"中许多坏

22-1　西北考察时所见木耙

事都是"四人帮"干的，他们的后台就是康生，因此康生在变臭。在文博界，康生是土皇帝，压得大家抬不起头来，欺人太甚了，我为此向党中央组织部写过一封信，讲自己至今还在被压抑中生存，我申请要正常工作，不要整我了。最后我特别写道："全国都在落实干部政策，为什么我馆不落实？各地都结束了'文化大革命'，为什么文博界还在搞'文化大革命'？文博界究竟是谁的天下？请党中央关注。"组织部首长曾志很重视我的信，虽然没给我回复，但给馆党委办公室主任邱辛来了电话，说应该给我正常工作的权利，不要受任何人干扰。自此以后，我才真正成为一个革命干部，总想抓我的黑手也收回去了。

二十三　中年丧偶

　　我们家原住东城张自忠路铁狮子胡同一号人民大学宿舍。1969年人民大学解散，徐萱龄分配到清华大学，先在附中教历史课，后调到图书馆当副校长刘仙洲助手，研究古代科技史。所以家又从城内搬到清华。所用工具是一辆马车，可知家当之少。我们先住小西门内四号楼，有两间筒子楼房间，当时宋子健、宋敏和辽滨都在我家借读，念中学。后搬到附近新建的一个单元房。

　　我和徐萱龄都是北京大学历史系55级学员，都在考古班。原来我们是一般同学关系，因为有订婚事件，我不仅多年没回家，也多年没谈情说爱。我跟小九是1956年解除婚约的。听说她1957年结婚了。第二年我才开始找对象。

　　我和徐萱龄的感情可能萌芽于1958年"大跃进"参观天桥商场。徐萱龄生于1937年8月13日，正是日寇侵占上海的"八一三"事变爆发的那一天。1958年我们要下去搞民族调查，因分组问题闹过一场小风波，后来都去广西调查了。当时我们的关系还是秘密的，所以出现过有男士追求她的现象。

23-1　逝去的夫人徐萱龄

虽然说徐萱龄是上海人，但上辈人是从北京迁到上海的。徐家是北京大户，可能为满族，祖上当过京城九门提督，后来当过颐和园总管，家住东华门外一处老宅，即现在的翠明庄宾馆。据说她曾祖母时，家境已经败落。曾祖母出殡时轿子很多，从南河沿一直排到锡拉胡同北口，灵柩是八抬大轿出城的。老人故后，分了三家，长子留在北京，其后人我曾见过，住在新街口一带；二子早故，其妻带儿子迁居上海，就是徐萱龄家；三子迁往香港，后人徐长龄仍在香港，其妹徐香龄在中央歌剧舞剧院，我们多有来往。

徐萱龄的父亲叫徐道生，到上海时不过 20 来岁，后来在德国洋行工作，家住延安中路 504 弄，房子是用三根金条押的。他有一子三女，徐萱龄为老二，在上海教会中学成长，受过良好的教育，后来考入北京大学历史系。北大的严芙是她的老乡、中学同学。我们在北大举行的简单婚礼就是由严芙主持的，她与我们有较多的往来。

1960 年秋我们走向工作岗位，我留校，但下放十三陵锻炼，她分到人民大学历史系，为了方便起见，我们在北大结婚。尽管几易居所，还是在张自忠路人大宿舍建立了家庭。

婚后生活是幸福的，大概共同语言较多，总有说不完的话，甚至每天回家，都要先说一通，然后才做晚饭。我们没红过脸，没吵过架，总是默契的。一般人家最敏感的是经济问题，而我俩都把工资放在抽屉内，谁花谁拿，向来没有乱花钱的现象。我经常外出，一走就是几个月，长则一年之久，她也没有怨言，总是大力支持我。如我去大兴安岭调查，她快临产了，还是支持我去，决不拉后腿。我从大兴安岭回来，她拦在门口，对我说："孩子是生了，好可爱，但你要猜一下，是男孩还是女孩，猜错了不能进门。"我便说"男孩！"她说："你说错了，应该罚你。"但还是让我进门了。那时还闹了一件事：当时保姆和孩子住五楼，我俩住在楼下平房，一到晚上总感到被窝里有异物在蠕动，有点不舒服。我们打开灯，掀开被子一检查，她大声说："不好，这是虱子！"我说："没错！"可能是从大兴安岭带来的，她也没有怨言，我们共同进行了一场灭虱子大战，又洗又烫，才消灭了捣乱的寄生虫。

　　我两次下去"四清"，她也大力支持我。自己教历史课，又带孩子，十分劳累，得了肾盂肾炎，经常尿血，怎么也治不好，后来天天吃利尿的西瓜，经过三个月的调理，居然治好了。

　　我生在旧中国，长在红旗下，一路走来顺风顺水，而且以"驯服工具"自嘲。"文化大革命"袭来，没有任何准备，也想不通，原来是又红又专的干部，或者说是接班人，一批"资反路线"，就成了"黑线人物"、"资本主义的苗子"。说实话，自己是挺紧张的。但她不以为然，只是劝我说："不要害怕，我是了解你的，你不可能反党。但要做一个正直的人，说真话，不能说假话，只要这样，把你送到新疆劳动改造都不怕，我一定奉陪到底。"她这么一说，我心里暖乎乎的，更增强了信心。说真的，在危难之际，自己的夫人跟自己站在一起，是得到的最大助力，令我没有一点孤单之感。

　　我们是同学，都是考古班毕业的，尽管她教历史，我搞研究，但业务还是相同的，互为补充。事实上，她也帮助过我。如1965年底，我写过一篇傣族纺织的论文，《文物》杂志想发表，但前边要加一段前言。我去临潼参加"四清"，无暇修改文章，就请徐萱龄帮忙，她在北京加了前言，做了增补，后来在《文物》上发表了。

　　1977年底，发现她吐血，怀疑胃有问题。到日坛医院一检查，发现是癌症，而且是晚期。这一消息对我是当头一棒，真是晴天霹雳，它不仅将夺去一个人的生命，也会给我们的家庭带来毁灭性打击。当时她不知其详，我一直瞒着她到去世前夕。

　　为了做好手术，我托我叔叔宋洁涵帮忙，经一位卫生部长帮忙，请北医三院徐大夫主刀，做了重大手术。主要是胃切除，又切掉了淋巴上的肿瘤。事后徐大夫对我说："你夫人病扩散了，目前根治不了，淋巴上的肿瘤也有鸡蛋大。我只能保证活一年。"我的心很沉重，又得假装没事似的，因为我要伺候病人。先住三院，进行化疗，后改住清华大学医院。护理大夫姓顾，上海人，对我们挺好，经常输血来增强病人体质。那时血源也好找。顾大夫认为应尽量让病人住在家里，享受天伦之乐。至于中医禁忌，不必多听，病人想吃什么就吃什么。

临终前三天，由于扩散，她疼痛难忍，家里也止不住她的疼痛，只能住到医院。当走出单位大门时，她把手表摘下来，交给我，说："不必戴手表了。"她明知自己来日不多，把什么事都料到了。

我家住小西门内，校医院在清华园北边，有五六分钟就走到了。我有一年之久没上班，只有领工资时去一趟。我的生活是从家到医院，又从医院回家了。在她患病期间，还请甲麟弟媳妇赵文彦来帮过三个月的忙，后来发现她有孕在身，就请她回老家了。

在她住院期间，有不少朋友来看她，其中有几位值得提一下。

一位是杨根，原在清华大学教书，是张子嵩的助手，对研究化学史有贡献。"文革"中被吸收进两校大批判组。人很正直，文史知识丰富。"四人帮"倒台后，他思想压力较大。杨根去看徐萱龄，徐萱龄说："你是一个好人，两校的事，历史会有公论。"事实上他也没干什么坏事，可惜后来病了，不久病故。

一位是李先登，他是我们同窗，先在天津师院，后调我馆工作。他拿一本我写的《原始社会》，刚出版，他说："杨震亚馆长对这本书评价很高，说能用马列主义观点，运用考古、民族学资料，写出了有水平的著作。"这是对我的肯定，也是鞭策。徐萱龄对此点头称是。晚上，她说了自己的遗嘱：

> 你在业务上的潜力是很大的，我不怀疑，好好干，业务错不了，但我有两点建议，请你认真记住：
>
> 第一，你比较正直，没有官场的应变能力，千万不要走仕途，当了官也会下台。专心搞业务就行了。
>
> 第二，我走以后，你还年轻，应该再婚，这一点我支持你。本来想帮你物色一下，但没有合适的。再婚一定要在女儿宋萱留北京工作之后，否则她又下乡了。

对这两条建议，我是铭记在心的，并且做到了。

1992 年，中国历史博物馆党委书记兼副博物馆馆长找我谈话，建议我出来担任业务副博长，我婉言谢绝，说："我搞业务还行，就让我干下去吧。但没有行政能力，万万不能当官。"我对此向来不后悔，别人当官，我祝他成功，但我要远离一点，不要说当官，官气我都不想有。退休前三年，让我当史前考古研究室主任，我也推给了年轻人。

徐萱龄去世时，宋萱才 17 岁，清华附中三年级学生，第二年考上中国人民大学经济系。1983 年 9 月毕业，分配到北京计算机学院当老师。后来我才找对象结婚。

还有一个是邵望平，她是我们上一级的师姐，有一天来清华校医院看徐萱龄，徐萱龄心情较好，说："到校园转转。"我们三人在荷花池畔散步，说说笑笑，她可能是回光返照吧！突然，她感到浑身疼痛，说："着风了吧，快回医院。"我知道这是扩散所致。

1978 年 12 月 20 日左右，徐萱龄病危，大哥汇来 1000 元，我又请徐燕龄、徐长彬来京，兄弟姐妹相见。应该说，当时徐萱龄还不太瘦，也没脱相，人还好好的。12 月 25 日中午，我回家吃饭，据说人民大学郑昌淦教授来看她，谈得不错。后来郑昌淦走了，大概走到楼梯时，徐萱龄在病榻上，突然高喊："郑昌淦……"原来是脑血管破裂，还没来得及说什么话，她就去世了。等我跑回校医院，尸体已凉。她是带着遗憾走的。

中年丧偶，对人是巨大打击。看见室内的摆设，仿佛有她说话的声音，我都感觉她仿佛还在。但我应该活下去，我还有孩子，还有事业，一定要顽强地活下去。当时香港中文大学杨建芳到博物馆来看我，事后他逢人便说："这件事对宋兆麟打击太大了，他也变了样，这个坎儿一定要过去。"但我要改变一下环境。第一我从清华大学搬到永内东街，彻底改变一下居住环境。第二我不能在机关、家庭来回走动，要下乡，到民族地区调查，也许那种探险生活能够缓解我的锥心之痛。

二十四 再访泸沽湖

泸沽湖地区十分广袤，民族多，文化丰富，绝不是 1963 年永宁一次调查就能解决问题的。本想继续进行调查，但因为发生了"文化大革命"，一下子停了六七年，其间我还心系泸沽湖，常与刘尧汉、严汝娴讨论泸沽湖地区母系制问题。这是着手写《永宁纳西族的母系制》一书的历史背景。

保存母系制的摩梭人，主要分布在三个地区：一是云南宁蒗县永宁区，位于泸沽湖西岸；一是四川盐源县左所区，位于泸沽湖东岸，现在叫泸沽镇；一是四川木里县屋脚乡，位于泸沽湖北边山区。过去我们是在永宁区调查的，一般重视摩梭人母系制研究的人，多在云南，也以永宁区为例，对其他两个地区没有涉足，这是学术研究的不足。因此我们很想去另外两个地区调查，这样看问题就能比较全面了。另外，我刚丧偶不久，受的打击很大，也想换换环境，转移注意力，因此此行也是自我疗伤的机会。

我们是 1980 年 2 月 25 日从北京出发的，中途在成都、西昌办点事，后搭火车至渡口，然后乘汽车抵达泸沽湖，这已经是 3 月 5 日了。我们基本在三个地方工作。

（一）左所

左所是当时的名称，后改称泸沽湖镇。我们就住在左所区公所院内。与区干部同吃，开始调查工作。为期是 3 月 5 日至 4 月 13 日。

在当地主要是了解摩梭人走婚和母系家庭。依然采取在永宁的调查方

24-1 抹酥油象征结婚

法，逐户抓家庭谱调查，又抓典型人、典型户调查，结论是发现左所与永宁一样，也盛行走婚和母系家庭。

我们的住地为群众所包围，与群众来往极其密切，我们利用这一便利条件，每晚都召集不少青年来唱情歌。由于当地盛行走婚，因此唱歌是必会的技能。我们一般唱两小时，然后进行翻译。我当时搜集了几千首情歌，记得还写了一篇《走婚之歌》，发表在《民间文学》上。

在翻译中也发生过有趣的故事。有一次翻译时突然停顿了，我问为什么，翻译喇鲁作说："涉及你呀，不好意思。"我说："没关系，涉及什么都翻译出来。"原来是有几个姑娘对我唱的，内容如下：

　　××× ，
　　你是北京来的客人，
　　让我敬仰不止。
　　不跟你接触一下，
　　将是我终生遗憾。
　　××× ，
　　你是南岸的大树，

　　我是北岸的垂柳。

　　我们虽然有江河阻拦，

　　两个树头还能搭在一起。

　　×××，

　　你是四十多岁的老树，

　　我是年幼的小树。

　　虽然有相敬之心，

　　但不能如愿相随。

　　哎呀，原来如此。在翻译时，三个姑娘红着脸，有的还跑到门外，感到不好意思。事实上，她们怎么想就怎么唱，对方同意与否是无所谓的。

　　当地还有一个敏感话题，居民认为自己不是纳西族，更不是摩梭人，对丽江纳西族也极反感，可能由于历代受丽江木氏土司管制，吃尽苦头，因此有一种强烈的离心力。他们自称"纳日"、"蒙族"、"蒙古族"，据说过去他们去蒙古参观，语言相通，所以愿归蒙古族。个别人搞过"蒙语训练班"，没弄一年就散了。我们从学术上看，找不到他们是蒙古族属性的根据，最多元代时留有蒙古统治者的一点血统，但当地在唐以前就是摩梭夷的地盘。

（二）前所

　　在左所期间，我还去了前所一趟。那是 1980 年 4 月 13 日至 4 月 14 日。

　　我和喇鲁作骑自行车，逆前所河而上，两边为高山悬崖，中间为河流。我们走在左所河东岸时，见到西岸石崖上有一个洞穴，称为"打儿窝"，据说其下为暗河，能通往屋脚乡。路过的人们都喜欢往"打儿窝"投石子，进了生子，投不中再投，直到投中为止，以求吉利。据说"打儿窝"是女人的阴器，投子是求子巫术。可惜后来炸石头，把"打儿窝"炸毁了。

　　喇鲁作是前所人，家住巫丘村，我们还在他家休息两小时。这是母系家庭，有 15 人，其母为家长，拿出米花、鸡蛋、洋芋款待，又煮茶、上酒，我们酒足饭饱才离开。

前所原来有一个寺院，后来被毁，残垣尚在，其上的壁画还很漂亮，我拍照留念。在前所桥附近有一石碑，文字抄录如下：

　　大清国四川省建南道宁远府盐源县建昌镇会盐营世守前所司堂掌印正堂喇

　　盖闻且久天地之宜人，无神而不兴，无庙而不灵。虽报又数载，未立庙设团，凡有事件，无处合议，合佃荷夺阳修庙，以报上天地设团甲，以清资源，故此募化，修庙设团，五谷丰登，阁所安泰，子孙荣昌，是以为序。戊寅年（1878）三月建修、供奉。黑位又于辛巳年（1881）三月左合其楚。……

光绪四年戊寅香春

在前所调查期间，走访了若干家庭，了解到当地风俗与左所、永宁相同，也信达巴教。达巴何格若知情最多，他讲了前所土司始末、民族风俗、民间传说等。他特别指出，他们原住西昌白塔寺，后来迁到泸沽湖沙家湾，又到长白居住，再后才迁居前所。左所第一代土司最初住前所，后来才迁到湖边左所，由何姓、白姓和喇姓担任。

（三）比奇调查

4月15日，我们乘拖拉机，从前所出发，行一小时，到了温泉。我已经是第二次来这里了。第一次来这里时，温泉是一个天然水池，冒着白雾，我们遭遇"男女同泉"而返。这次温泉已经有所变化，温泉中间筑一座高墙把温泉分为两半，一边供男性洗浴，一边供女性洗浴。因此之故，我们在男池洗了一会儿。后来到普米族聚居村比奇村，在那里蹲点调查，想了解一下与摩梭人共存的普米族风俗。

经过仔细调查，发现永宁坝区的普米族风俗与当地的摩梭人基本相同，如实行走婚、建立母系家庭，信仰达巴教，进行火葬，这是普米族给我的第一个印象。但是普米族很分散，居住地很广泛，其他地区的普米族又是什么状况呢？我们也应该调查一下。所以，我们又去泸沽湖东部的长阳乡丹堤村调查，那里也居住普米族，但跟比奇村普米族大不一样。他们是父系小家庭，实行严格的一夫一妻制，但是婚前有一定的性自由。这倒与父权制冲突了，于是当地有一些奇特的风俗，如"审新娘仪式"、"三回九转婚礼"、"杀婴风俗"等，我们对此进行了认真研究。关于以上两处普米族调查，还有冲天河西岸普米族的伙婚和伙婚家庭，我曾编过《泸沽湖畔的普米人》一书出版（云南大学出版社），在此就不重复了。

　　我们在左所住了十个月，是田野调查最久的一次。在那里留下不少故事。我在比奇村某家居住期间，本来与房东处得好好的，突然有一天回家主人就爱搭不理，我估计出了问题。后来才知道，那天有一位小学校长给我当翻译，他家是所谓的养蛊户，乡亲都有一种防备之心，房东也不例外。看来当地对蛊十分害怕，我也不敢乱找人当翻译了。在左所期间，正赶上盐源县文化馆长喇成志回左所探亲，我们相处较好，还请他画了不少插图，他是摩梭人，又是画家，这些插图都很真实、可信。但奇怪的是，有一天晚上，喇成志对他姐夫说："晚上你可去找 ×× 当阿注。"一个小舅子，为他姐夫拉阿注，这是我们所不能理解的，而他的姐夫，正是我前面提到的小学校长。可知那时他们在男女结合上是随意的，年轻人对放蛊之说也不在乎，远不如老人迷信。

　　说到杨二车娜姆，她家就住在左所，我还对她妈做过调查，她妈是林场工人，她爸也是。我在2000年去屋脚乡调查时，又去看她妈，家里已焕然一新，儿子开汽车搞运输。

二十五　坐皮筏过江

　　1981年3月，在离开纳窝村去往机素村的路上，有一次令人印象深刻的坐皮筏子的经历。

　　7日午饭后，刘尧汉、严汝娴二位同马帮赶来了，但是马脚子生格塔和他的儿子是从俄亚来的，今天要回俄亚去，我特意为生格塔父子和送我们的水手拍一张照片，作为惜别的纪念。刘尧汉又从卡瓦村雇了一马六骡，马脚子叫麻若和大古，他俩将我们送到机素村。

　　从纳窝村直线到河边，路很陡，坡度在60度左右，我们只好盘山而下，先往东至古堡，又从古堡往南，逐渐下坡，路是没有的，我们连走带滑，经过一个小时才抵达无量河岸边。

　　木里县的地形，以山高谷深为特点。县西北的夏若多吉山，海拔5958米，最低的地方就是三江口，海拔1350米，两处相差4000多米。正因为如此，当地有"一山有四季，十里不同天"之谚。由于当地处于横断山脉，其中有不少自北向南流淌的河流，比较大的有雅砻江、木里河和无量河，这几条河自北而南，蜿蜒曲折，纵贯全境。今天面对的无量河，又名水洛河、冲天河，源于北方的理塘县，流经稻城，穿越木里东朗，与发源于稻城的贡嘎河汇合，再流经麦日、水洛、宁朗，又与西来的董林河合流，转向南流，于丽江与木里交界的三江口流入金沙江。在入口北二里许，又有抓子河自西流入无量河，因此三江合一，故称三江口。

　　几个月前我们去俄亚时，就是在三江口过江的。当时无量河下游浪高

25-1　等待过江

水急，落差大，不能行船，我们就来一个"曲线"过江，先坐船过金沙江，沿金沙江南岸逆行一里许，绕过无量河口，又坐船至金沙江北岸，也就到了无量河西岸，经抓子村、立碧村而抵俄亚村的。我们离开俄亚没有走回头路，而是从俄亚向东行，沿着龙打河北岸行进。经过卡瓦村而抵纳窝村。此处无量河水面窄，水面平静，可以乘羊皮筏子过去。

我们所处的位置，是无量河西岸，与依吉公社隔河相望，横渡无量河是我们唯一的出路，别无选择。今天不能坐木船，而改乘羊皮筏子。船夫拿来几个羊皮囊，泡在水中，又充足了气，做些渡河的准备工作。

《元史·世祖本纪》："至金沙江，乘革囊及筏以渡，摩挲蛮主迎祥。"当年元世祖征伐云南时，有一路就经过盐源、泸沽湖，从金沙江奉科横渡而抵丽江宝山的。我们所过的河虽然不是金沙江，但方法是一样的，都是"乘革囊及筏"。具体有两种方法：

一种是羊皮囊。游渡前，将衣服、用具拴在背后，游者在腹部放一个皮囊，头颈在上，后肢在下，把两个后腿上的绳索绕到腰后，并交错绕腰际一周，然后在背后交叉，再绕到前边，把头上的绳子拴住即可。游者俯卧在水上面，抬起头，把皮囊压在腹下，手挠脚划，在水上游动。他人拖长绳到东岸，拴于树上。

这种皮囊是一种浮具。道光《盐源县志》引《南微杂志》："有剥羊皮缝作囊，吹气如胕，缚四肢于皮之四足，浮泛若凫，曰羊浑脱；若其长官或汉人过之，划皮囊数十，联络如筏，缚人其上，数夷人各跨一囊，以长绳牵之，曰'皮船'。"

另一种是羊皮筏子。拴绑羊皮筏子时，先将羊皮放在水里浸泡，使羊皮柔软，然后把皮囊吹鼓。同时，从树林里砍回若干树棍，一般长 170 厘米，直径三四厘米，刮掉小枝和树叶，把这些树棍捆成长方形木架，其中纵者七根，横者六根。把木架平放在河边，在上边拴四、六或八个皮囊，数量多少依载人载货重量而定。但是，通常都以双数递增，如载一人或 100 斤货物，以拴四个皮囊为准，两人或两驮货物以拴六个皮囊为佳。

拴好皮筏子后，在前后各拴一长绳，并且将皮筏子翻一个身，置于水中，即木架在上，皮囊在下，这样既便于在木架上放置东西，保护皮囊，也便于皮囊在水上漂浮。载货时，要用绳子在木架上拴一下，防止风吹掉；载人时，必须呈半俯卧状态，双手握住木架，使身体平稳，否则容易翻覆。

我们是怎么过河呢？首先，马脚子把头马的缰绳拴在江上的绳子上，由对岸的马脚子挽拉绳索。马脚子把头马轰下河，头马是很乖的，没有 10 分钟就游到对岸了，其他骡子看头马已在对岸吃草，也纷纷下水，游到对岸。其次，是过人和行李，我们是分几次过河的，为抢拍一些镜头，我要求先过去。我背着书包和相机，跪坐在羊皮筏子上，双手紧握木棍，由东岸的马脚子迅速拉绳，西岸的马脚子跟着放绳，很快就到了东岸；第二次是刘尧汉，第三次是运行李，第四次为张燕平，第五次是严汝娴，最后一次是小马脚子大古。每一次仅用 5 分钟时间。给我的感觉是飞快、轻盈，正如古书上说的"浮泛若鸳"。

皮囊船，又称皮筏子，实为筏子之一种。在我国古代文献中有许多记载：

《后汉书·邓训传》："（邓）训乃发湟中六千人，令长吏任尚将之，缝革为船，置于上以渡河，掩击迷唐庐落大豪，多所斩获。"

25-2　乘皮筏子

25-3 冲天河上的皮舟

《北史·附国传》:"附国有水渊百余丈,并南流,用皮为舟而济。"

《旧唐书·东女国传》:"其王所居名康延川,中有弱水南流,用牛皮为船以渡。"

《新唐书·西域上·东女》:"以女为君,居康延川,严险四缭,有弱水南流,缝革为船。"

《挥麈前录》引太平兴国六年(981)供奉官王延德(奉使高昌行程记):"次历茅家喝子族,临黄河,以羊皮为囊,吹气实之,浮于水,或以囊驰牵木筏而度。"

《蛮书·途程第一》:"从目集驿至河子镇,七十里,泸江乘皮船,渡泸水。"

从这些记载看出,其中包括三种船:一种是以整个羊皮或牛皮充气而成,特点是不费一针一线,而是利用天然的羊皮或牛皮制成,基本保留了羊和牛的形状,这是最原始的皮囊船;一种是将若干皮囊拴在木架上,组成羊皮筏子;另一种是较大的皮囊船,它以木料制成长方形骨架,外部包上牛皮。如四川、西藏和青海地区的藏族就使用这类牛皮船,即文献所说的"缝革为船",是比较进步的皮船。爱斯基摩人、古代印度和两河流域也使用皮船,说明皮船分布相当广泛。

我国使用皮囊船的民族甚多,如古代的羌族、哀牢夷、室韦、东女国,等等,近代的纳西族、普米族、西番人、摩梭人、藏族、蒙古族等,迄今还在使用皮船。说明它是少数民族的重要发明。正如赵翼《陔余丛考》所说："以革为舟夜渡，是牛皮为船，由来久矣，皆出于番俗也。"

我们过河后，同船夫结了账，共付 10 元整。此时，两岸各有一个船夫，东岸船夫在绳头上拴一石，抛向西岸，西岸的船夫正好接住，他牵着绳，东岸船夫也坐着皮囊船顺绳游过去。他俩把皮囊拆下来，卷成一卷，将木架放在草丛中，向我们挥挥手，登山回纳窝村了。

二十六　途中遇"鬼"

1981年3月7日渡过无量河以后，就进入了木里县依吉乡甲区村地界。无量河两岸春天来得特别早，高山上虽然白雪皑皑，但江边已经一片春色，杏花开，麦苗绿，山间的杜鹃花也压满枝头。据说当地是杜鹃的原产地，不仅种类多，枝叶也大，有一种乔木杜鹃，直径足有15厘米，这种杜鹃四处都长，从春至秋，不时开放，散发出阵阵芳香。这里处处充满着生机，也给我们这些在大山里生活三四个月的人一种激励，田野调查的热情不减。

我们向送行的人们挥手告别后，开始向甲区村行进。这里山高谷深，两岸地势陡，我们只能气喘吁吁地爬行，尽管路很陡，但路面宽，多为沙土地，走起来还能坚持。途中遇到七八位身穿盛装的妇女，上衣下裙，大包头，其服饰与泸沽湖地区的摩梭妇女一样，我们问她们从哪里来，她们说："从曾吾村来，去送老人去了！"原来该村死了一位老东巴，70多岁了，我又问："还有东巴经吗？"答："原来经书很多，由于儿子不当东巴，把经书都烧了。"从内心说，我们很想去看看，但时间已晚了，经书又付之一炬，到曾吾村也会失望的。当地东巴有一个习惯，人死之后，还要在另外一个世界当东巴，所以东巴经也要随人火葬，由于这种不良风俗，不知毁掉了多少东巴经！据说这些妇女自称"日考黑"，与卡瓦村、三江口波罗村人自称一样，也是摩梭人。

（一）在甲区村见"鬼"

甲区村是一个小自然村，20 来户，房子很分散，东为及苏山，西为无量河。我们五点多抵达甲区村，在村办事处住下，该处称"队房"，即生产队的房屋。该房是木愣房，两层，上层中间为客厅，两侧各有一间，可是只有一间开着门，另一间锁着门。我们安顿停当后，去村边洗脸。水源是从山里用竹筒引来的山泉水，该具古代称"枧"，水很清洁，但流量少，稀稀拉拉的，洗脸尚可。这时有一位中年妇女来汲水，头顶大包头，但后脑勺有一圆形银盘，这是俄亚妇女的头饰，说明当地妇女特征兼俄亚、泸沽湖两地服饰而有之。不过当地房子是木楞房，平顶，与永宁地区的加泽乡民居相同，加泽乡正位于依吉乡南边。

马脚子忙于在院子钉拴马桩，即在地上钉两根木桩，两桩相距 10 米许，中间拴一绳，7 匹骡马就拴在该绳上，在地上堆许多稻草。晚 9 点才吃完饭，折腾一天了，实在太累，大家早早就睡了。

3 月 8 日准备离开甲区，赶到机素村调查。6 点半我们就起来了，开始打行李，马脚子起得更早，他们在院内升火、烧水、做饭，同时为每匹马挂一个麻布料袋，为马喂料。

由于队房没水，我们又去村边洗脸。刚出村没多远，就在石板路上看见一块黄板（木瓦），其上还有泥塑的蛇、蟾蜍等物，我的助手惊奇地问："宋老师，这是什么？"我毫不犹豫地说："这就是鬼，大白天活见鬼了！"这是凭多年调查的经验得出的结论，是东巴驱鬼时留下的。具体怎么回事，还得进行一下采访。

所谓黄板，就是木瓦，是当地居民盖房子用的。该板长 80 厘米，宽18 厘米。其上放置两件彩绘泥塑：一件称"巴麦"，汉意为癞蛤蟆；一件是"仁多罗"，即卷曲的蛇，伸出舌头。均绘有红黄彩色，形象逼真。蛇与癞蛤蟆对峙着。在黄板上还放两根竹矛，长 35 厘米，直径 1.2 厘米，一头削成尖，如竹矛状。还有一根木棍，长 20 厘米，直径 1.5 厘米，一头呈扁尖状，据说为木矛。此外还有一束鸡毛、若干炒熟的玉米粒。在黄板上还有不少露水珠，说明是昨天晚上放置的。这一现象引起我们的浓厚兴趣，尽管我们在甲区村没有调查任务，但是送上门来的疑团，必须解开才能离去，因此拍了照片。

据老乡讲，该村有一位老年妇女，名字叫卡洛麻加，纳西族，当时55岁，患了浑身痛的病，吃了草药也没见效，因此去请东巴喀里甲阿治病。东巴认为卡洛麻加冲撞了鬼，必须进行占卜。他取一块牛肩胛骨，进行占卜，根据骨上裂纹，认为冒犯了蛇鬼和癞蛤蟆鬼，这两个鬼附在她身上，使她疼痛不已。东巴治病的方法是驱鬼。东巴先念驱鬼经，接着取一块黄板，又和了一些黄泥，捏成蛇和癞蛤蟆，绘上花纹，放在黄板上，作为使人患病的蛇鬼和癞蛤蟆鬼的象征。又放一束鸡毛，代表给鬼杀的鸡，玉米粒则是给鬼的饭，都是给鬼的供品。同时，东巴以竹矛、木矛为武器，佯装向病人击去，又敲打黄板，还拿一些玉米粒，从病人身上往外撒，口中念念有词："蛇鬼、癞蛤蟆快快走开，你们要吃的粮食、鸡也送上了，快快回到山里去，不要在病人身上待着。"念毕，东巴一边念经，一边捧着黄板，送往村外的路上，有意让行人把它踩翻在地，不能回家捣乱。这就是我们在石板路上所见到景物的来历。

过去我们在泸沽湖边也看到类似信仰遗物，有一天晚上在奢垮村路上也有一块黄板，放一些蛇、鼠、鬼偶，还有青稞等。所不同的是，在黄板上还有点燃的松明，据说这是达巴驱鬼时丢在野外的。不难看出，两者都是巫师驱鬼的巫术道具，纳西族和摩梭人在这种信仰上颇多相似之处。

26-1　路旁的鬼盘

（二）东巴的避邪板

为了调查驱鬼信物，耽误了不少时间，吃完早饭已经九点钟了，起个大早，赶了晚集。但是还没有出村，又让一家门口上方的避邪板吸引住了，我们又跳下马来，进行拍照，稍事调查。

该户主人叫南纠阿巴，50 岁，是一位纳西族东巴，本人会写东巴字，也会绘画，还是一位大木匠。据他解释说，纳西族称门楣上的木板为"孔喀"，汉意为避邪木板。该板实际上是两块，下边一块为长方形，长 25 厘米，宽 50 厘米，绘有日月、宝瓶和女神。上边一块为扁梯形，相当于下边木板的盖，长 55 厘米，宽 20 厘米，其上绘有多种形象：中央绘一只"下秋"，汉意为猫头鹰，口中衔一条蛇；右边画一只"拉"，汉意为老虎，并书有东巴文；左边画一头"布身"，汉意为牦牛，也书有东巴文字。

以上是木板的上半部分，下半部分则绘一种鬼，自左而右为：第一幅为"狗赤"，汉意为星鬼；第二幅为"杜楚"，汉意为毒鬼；第三幅为"及卡"，汉意为水鬼；第四幅为"亚"，汉意为吊死鬼；第五幅为"赤尺"，汉意为溺死鬼。

南纠阿巴告诉我们，人和鬼差不多，只是鬼看不见，摸不着，人由门入内，鬼也从门入室，所以必须守住大门，其上摆许多避邪物，就是防止鬼入内，保护家人安全。但当地的居民避邪物却有所不同：纳西族喜欢在门楣上挂木板，其上绘有神灵和鬼的形象，还在其上写一些东巴文字，南纠阿巴家的避邪板就是一个突出例证；当地摩梭人认为有四种神守卫着大门，门左边为牦牛，门右边为老虎，门上边为孔雀，门下边为狮子，因此喜欢在门楣上挂牦牛角、羊角，或者绘一个虎头等；西番人则喜欢在门上画一个卍字形符号，逆时针转动，实为本教的象征符号。也有在门楣上画日月星图案的，这也是本教经书的象征符号。此外，也可在门楣上挂树枝、蜂房、砍刀、剪刀、锯、鸡蛋皮诸物。其目的是防止鬼入内。

我们在大街采访之后，主人南纠阿巴请我们进屋坐坐，喝点酥油茶，我说："不坐了，今天还要赶到机素村呢！"他说："机素村没有多远，到我家连茶都没喝一口，太不好意思了。"

我们向他讲了此行来意，是来调查纳西族文化的，在俄亚村已住了三个多月，但是俄亚村没有避邪板，在甲区村见到很惊奇，说："像你家大门上的木板太好了，很少见。"他似乎看出了我的心思，诚恳地说："你喜欢就拿去吧，我还可以做一件新的木板挂上！"我们当然如获至宝，但考虑到主人的需要，我们仅取下上边那块，另一块还原封不动地挂在门上，而且千里不捎书，何况这么一大块木板呢，带到北京实属不易。我们将木板挂在马鞍上，希望它也能保佑我们一路平安。当时我们除感谢东巴外，也想给他一点报酬，但他百般不受，我们只好上马出发了。

从 6 日抵纳窝村到 8 日离开甲区村，是我们越过无量河的三天，虽然是走马观花的过客，但当地民族文化甚丰，给我留下了难忘的记忆，并且一直以巨大的魅力吸引着我，激励我能故地重游。

二十七　雪山骨折

我们在机素村住到 3 月 12 日。当天鸡鸣即起，准备返回泸沽湖。乡亲们留我们再住几天，他们穿上节日盛装，一者欢送我们，二者让我们拍照留念。

10 点钟动身。赶马人叫边马，38 岁，西番人。另一位为独基，35 岁。他们赶 6 匹骡子、1 匹马，加上我们 4 人，队伍也够浩浩荡荡了。

11 点路过四博村，我们在村后树林中休息，进午餐。在机素村期间，我曾来过此地，故地重游，思旧情油然而生，我又跑进村子看了看。

下午 1 点离开四博村，开始爬山，穿越原始森林，除松、杉大树，偶尔也有成片的灌木林，其中生长许多杜鹃树，枝干若碗口粗。现在是春天，杜鹃花盛开，万枝千朵，争奇斗艳，把整个山坡都染红了，难怪杜鹃又名映山红。下午 4 点，又从山顶下来，进入一片山间草场，东南角还有一座残破的木楞房。赶马人边马告诉我们，这是牦牛寨，是西番人饲养牦牛的地方。6 点抵达野鸡墚子大山西麓，太阳已经西下，天色暗淡下来，我们一行人也累了。为了明天翻越野鸡墚子，决定在此露宿，养精蓄锐。

马帮选择露营地是有条件的：一要有草地，以便骡马有足够的饲草；二要有水源，保证人畜饮用；三要有燃料，供炊事用；四要地点背风，适于人居，便于生火。我们的落脚处正是如此：北面为小丘，挡住了山谷吹来的阵阵寒风，东侧是潺潺流水，南面是草木丛生的丛林，有茂盛的嫩草，周围为杉树所环抱。

　　边马抵达宿营地后，先把驮子、马鞍卸下来，围绕驻地摆成一个圆圈，直径七八米，留两处开口，作为出入的门。为了防止风寒，又砍许多树枝，围筑在马具周围。在中央生一堆篝火，树枝是干的，火很旺，噼里啪啦作响，那火光又蹿又跳，划破了夜幕，几乎要冲出黑夜的束缚，飞向天空。在森林中生火，是要有看火人的，这自然落在年长者刘尧汉的身上。其他人则打水的打水、拾柴的拾柴、做饭的做饭，忙得不可开交。边马则把骡马哄到南边的树林中吃草去了。众人拾柴火焰高，不到两个小时，就把饭做好了，柴火煮的饭格外香，菜依然是便于携带的腊肉和干酸菜，由于腊肉不多，只能每人一块，平均分配。

　　饭后，我们环火而坐，烤着火，喝着茶，聊着天，天南海北，颇有一番情趣。天上的月亮还没上来，只有一些星星在闪耀着，依稀能看见几片云朵在向南移动。边马是一位出色的赶马人，一路上认真负责，不轻易说话，但现在话匣子打开了，介绍了不少马帮的典故，还给我们唱了一首《骑马歌》，歌词内容是：

　　　　小伙子出远门，骑马在外边。
　　　　骏马壮如虎，奔跑如旋风。
　　　　有两个男子，骑着两匹马。
　　　　路过雪山时，把礼帽吹掉了。
　　　　他对伙伴说："最大的山我爬过，
　　　　最冷的雪也遇过，向来没掉过礼帽。"
　　　　两个男子并着肩，继续在雪山上走。
　　　　伙伴安慰他说："我们慢慢走吧，
　　　　前面就是高峰了，我们会爬上去的。"
　　　　男子汉在外边，经常爬山越岭。
　　　　礼帽象征爸妈关怀，风吹雨淋无阻挡。
　　　　海燕应在海上飞，现在却盘旋在高山。
　　　　飞回来飞过去，不知大海在何方。

海燕自言自语说："我要回到大海去！"

春天草木绿了，布谷鸟也叫了。

不能停在高山上，应该回到平坝去。

"白寒鸡哟，请带着我吧。

只有跨越高山，才是真正的男子汉。"

骑着骏马的男子，佩戴着象牙镯子。

一边走路一边看，显示自己的富有。

腰上佩戴的宝刀，显示男人的勇武。

一可以保卫自己，二可以保卫家乡。

　　边马一边唱，我一边记录。唱毕，已经9点多钟了。我望望星空，一个银白色的月牙正从东方慢悠悠地爬上来，夜深人静，大家都累了，于是以大地为床，杂草为褥，蓝天为帐，打开自己的行李，一一入睡了。但边马却精力十足，他提着铁斧，又从旁边砍倒一棵树，直径30多厘米，把它架在篝火上，其用意有二：一是让树干阴燃，保存火种到天明；二是烧起浓烟和火焰，虎豹看见了篝火会回避。原来这也是一种野外自卫呀！边马怕我们冷着，又打开几块油毡，盖在我们的鸭绒睡袋上。大概是累了，身上又压得挺多的，不久就入睡了。

　　露宿虽然有趣，但睡不实。刚刚睡着，又被冻醒了；太困再次进入梦乡，但是寒风又把我们叫醒，足足折腾七八次。3月13日，起来最早的是刘尧汉先生，他因为腹泻，已起来三四次，到4点钟他干脆穿上衣服做早饭。我们起来后他已经把饭做好了，可惜有些夹生。边马则在驻地附近钉拴马桩。接着他提着马料袋，到南边林中呼叫几声，不一会儿7匹骡马都乖乖回来了，这时边马给它们带上笼头和饲料口袋，开始喂料，同时备鞍、上驮。早饭后快9点了，我们开始爬山。计划下午5点到解放农场休息，次日去屋脚大队调查。

　　今天主要是爬野鸡墚子大山，该山终年积雪，但是由于现在已进入春天，半山腰以下的积雪已经融化，山路比较泥泞。爬了3个小时才到达山

27-1 野鸡墚子

顶。这里除了生长一些稀稀拉拉的杉树外，全为冰雪所覆盖。往南看，是白茫茫的大雪山，就是我们从永宁到金沙江路过的高山；往北看，也是与天连接的西岭雪山；回首西看，还能隐隐约约地看见俄亚大山；而东方已经出现了泸沽湖及其周围的坝区。我们在山顶停留了一会儿就下山了。

按照一般经验，爬山费劲，下山省劲。不过，上山虽然艰难，但全力以赴，谨慎行进，不会有多大危险；反而是下山轻松，人们放弃警惕，深一脚浅一脚的，倒容易出事。这是赶马人边马给我们讲的，并且叮嘱："你们慢慢走，我们往前去了。"我们很快越过融雪线，雪水满地，泥泞难行，唯有一些河光石还较干爽。这里骑马是危险的，我们都下地步行。边马、独基和张燕平走在最前边，距我足有半公里。我紧跟其后，刘尧汉先生在我后边，严汝娴又随刘后。突然，严汝娴惨叫一声倒下了，我与刘尧汉先生跑上去，原来她怕踩着泥，往一块石块踏去，由于没踏实，加上地面泥泞，将石头踩翻了。她把脚脖扭坏了，脚已变形，伤情严重，不是骨折就是扭伤。我们十分紧张，一时束手无策。

这时，我让刘尧汉先生护理病人，给她吃云南白药，我则往前跑，请边马把马牵回来，以便病号骑用，并研究急救的方法。大概是过于紧张吧，我边跑边喊，但嗓子只冒烟不出声，急得我直冒汗。最后还是追上了。边马回来看了看，他断定是扭伤，有瘀血，他指挥独基抱着严的腰，他握着脚，两人一牵引，只听"咯吱"一声，变形的脚就复位了，伴随而来的是病人的剧痛，汗流满面。赶马人是有经验的，他说："没危险，最好放血，血放出去就会好的，不然会落毛病。"此处无法消毒，我们对放血疗法半信半疑，说："不消毒，感染了更麻烦。"边马满怀信心地说："我们把刀烧一下，不就消毒了吗？"这事当然由刘先生决定。最后放弃了放血疗法，把脚包扎一下，将病人扶上马，开始了痛苦的旅程。这次摔伤是出人意料的，大家心情十分沉重。

这是近两年来我们田野调查第一次受挫，不仅给病人带来痛苦，也改变了工作计划，看来屋脚之行难以实现了。可是刘先生还很乐观，说："只要不是骨折，屋脚还是要去的。"刘先生是工作狂，只要一息尚存，就要拼命工作。实际上身体不饶人，他昨晚腹泻了几回，又起得太早，体力已难以支持。我们路过刘家村时，刘先生已经有点头昏，喝点水后又走了两三里地，才略好些，我们又骑马前进。

祸不单行。在一个拐弯处，有一个小坡，坡路下有一块巨石。刘先生骑马在前，我尾随其后，当他下坡时，突然头朝下坠落马下，头部撞向巨石，不省人事。我赶紧跳下马，连声呼叫他的名字，但是没有回应。我仔细观察，头部没伤，仅颧骨有些擦伤，过了六七分钟后他才醒过来，说："我们到解放农场了吧？"还好，他又活过来了，有惊无险，也属万幸。以头击石是很危险的，幸好他戴着一顶棉帽子，起了保护作用。就在刘先生摔伤之际，张燕平也跳下马来，欲抢救落难的刘先生，他以为可以踏在石头上，但冲力大，没站稳，弄了个仰面朝天，把腰扭伤了，尽管伤势不重，行动也不方便。

俄亚之行，尽管收获颇丰，但在野鸡堫子雪山吃尽了苦头，四人而伤其三，三个伤员全与石头结下"不解之缘"，这是一种巧合呢，还是冒犯了山神石神？不过，有一点是肯定的：田野调查总是要付出代价的，这里既有丰收的喜悦，也有困难、风险，甚至是牺牲。

我们在野鸡堫子车站稍休息一会儿，由于担心严汝娴的腿再断裂，也为了防止新的外伤，我们又用书本给她包扎了一下。她是很痛的，我们把她扶上马，大家又整装出发了。这段路实际是平缓的下坡路，行走很方便，但心情沉甸甸的，彼此无语。5点钟路过解放农场，6点抵瓦拉片，遇到老朋友沙木父子，把我们送到温泉旅馆。这时严汝娴的腿已红肿，表皮起很多水泡，便让她早早休息。我和张燕平去温泉洗澡。上次到温泉，还是一个天然的热水池，男女合池而浴，现在已建筑房屋，男女分开沐浴了。

可见当地变化之快。

温泉浴池的变化，还经过许多曲折呢。最初是露天的，男女同浴，我在 1963 年春节前去了一趟，本想洗一下，但一到现场就惊呆了，我们哪里经历过这种场面，只好放弃洗澡。但我心里又想看下，就自己从侧面上山拍了同泉而浴的照片，后来成了珍品。浴池改革是汉族干部提出的，最初他们来洗澡，都把当地妇女赶走，后来想到不便，还要放哨的，就提出在温泉中间修一道墙，一侧为女池，一侧为男池。这引起了摩梭妇女的不满，她们还问道："男女同洗在温泉，是老规矩，不能变，你们有的，我们也有，我们不怕，你们怕什么？"但在干部的强制下，还是在温泉中间修了一道隔离墙，在此基础上，又修两座大房，我们所用的就是男浴池。同我们一道洗澡的还有四五个摩梭男子，他们热情欢迎我们，说："一看你们就是外地的，没有找几个阿注？"我们说："各民族风俗不同，你们走婚，我们是一夫一妻制，都有自己的信条。"他们说："到我们这里，没那么多规矩，我们的人，只要能跨过一个篮筐，就可找朋友，谁像你们有那么多规矩。"说着说着，我们就洗完了，又回到招待所过夜。

3 月 14 日，我们又去洗了一次温泉。早上没人，彻底洗一下。中午县长阿苏大力派车来接。我们 12 点半出发。在开基村稍停，见到了何道清。到了狗钻洞突然下雪了，晚 6 点抵达宁蒗县城。严汝娴到医院拍了片子，属于严重扭伤，必须住院治疗。我同张燕平住县招待所。晚 11 点才睡下。

当时县医院有一个杨学政大夫，对我们帮助很大，说："治疗的事全包给我了。"他还请我们吃了顿饭，饭后表示很想从事民族研究工作。后来刘尧汉先生帮了忙，把他调到了昆明云南社会科学院宗教研究所。

从 3 月 10 日到 3 月 22 日，我们是在宁蒗县城度过的，其间首次对新民村进行了一些调查。

二十八　杭州考古会议

　　1981 年的事最多，主要办两件大事：一是俄亚调查，二是在杭州召开中国第三届考古学年会。还有其他。这些对我影响至深。

　　我于 12 月 5 日从北京出发，到 12 月 21 日归京，前后在杭州待了近半个月，在此期间主要有三件事使我铭记：杭州会议、苏公一夕谈和宜兴之行。

　　5 日晚 7 点 10 分，乘 119 次火车南下，同行有陈乔、傅振伦、郭仁。第二天晚 5 点 45 分抵上海。晚上去闸北肖田家，7 日上午去徐汇中学看肖田。下午两点 45 分乘 45 次火车，5 点多抵杭州，晚上住浙江宾馆，与顾铁符同行。晚上与王炳华同窗聊天。

（一）考古学会议

　　12 月 8 日会议开始，上午开幕式，由中国社科院考古所所长夏鼐先生讲话，下午分组讨论，晚上自由活动。晚上我同孙守道、郭大顺谈辽宁考古；与川大林向谈四川考古；同盖山林谈少数民族物质文化。看来非写一本民族

28-1　与恩师苏秉琦在杭州

文物讲义不可了，这也是我后来出《民族文物概论》的动因。本次会议，我提交一篇论文：《考古出土的带索标》，是一篇民族考古性论文，后编入《第一届考古学论文集》。

9日是全天讨论，我在第一组，主题是"长江下游的新石器时代文化"。上午黄萱佩讲"菘泽文化问题"，朱江讲"东南文化的空时观"，杨振标讲"薛家岗文化"，蒋廷瑜讲"广西考古概述"，曾骐讲"西樵山文化"。下午吴绵吉讲"昙石山上层文化"，纪仲庆讲"宁波文化类型"，牟永杭讲"浙江新石器文化"。

10日继续讨论。上午刘军讲"河姆渡文化"、莫稚讲"广东高邮"、赵青芳讲"长江下游居民的贡献"。下午共同性讨论，张毓铃讲"渭河早期文化"、林向讲"四川文化"，还有佟柱臣、陈文华、纪仲庆、赵青芳、张忠培、莫稚发言。陈文华讲农业考古的重要性，安先生明显反对。事实上，应从各种角度研究考古，农业是一途也，未必错。

11日上午参观标本室，有桐乡罗家角、河姆渡、良渚文化、浙江博物馆等处。其中提出不少问题，如良渚文化那么发达，向何处去了呢？又如良渚玉器也很进步，其料来自何方？还有耘田器似乎不限于耘田一种，鹿角鹤嘴锄可能是很古老的采集工具和农具，良渚石犁可信性强，长江下游稻作文化可能最早发明了牛耕！

12日上午各组汇报，主要是赵青芳谈一组讨论情况，牟永杭谈江浙文化，黄萱佩讲菘泽文化，冯先铭谈青瓷。下午任世龙谈龙泉文化及其分期。孙守道讲"辽宁原始文化"，马承源讲"汉代蒸馏器"，红山文化辽宁不及内蒙古出土多，主要在西辽河流域，内涵也以西部为丰。蒸馏技术源于仰韶文化，二里头已有铜蒸馏器皿，金代有蒸馏锅，可能与食物加工有关，炼丹又促其发展，蒸酒应在宋代。

13日上午休息，下午闭幕式。理事会有两项决议：一是把头三次考古学会年会论文编成一本论文集，对文章有一定要求；二是决定在1983年三四月于河南召开第四届考古学会年会。

夏先生做总结，谈了四个问题：一是考古的指导思想，他批判了"左"

或"右"的思想，认为应该建立考古学的思想体系；二是加强多学科研究，尤其引进自然科学技术，改变考古学状况；三是考古学文化定名，应有一个过程，可以争论；四是文化起源，一元还是多元，涉及许多具体问题。史前考古与历史考古的划分，应以文字为界。外国有工艺考古，玉的分布也广，也有传播问题，应该进一步研究。

接着，苏秉琦先生有一个发言，称"我的意见"，谈了四个问题：

一是东南沿海新石器文化。总的认为应分几大块，先搞清自己的一二三，然后再找出联系。自己没搞清，就为别人找婆家，不妥。

二是两广新石器文化。主要谈了甑皮岩、仙人洞和西樵山，认为工作应坚持下去。

三是山东新石器文化。也分几大块，包括鲁西南、胶州湾和胶江，有联系，又有各自特点。

四是青瓷和青瓷窑。认为是考古范围，又是传统工艺。

（二）苏公一夕谈

12 月 9 日晚，夏先生曾邀我谈一次话。我在北大学考古专业时，夏先生是我的老师，讲"考古学概论"。他的口才并不太好，一口温州话，但颇有哲理，令我印象很深刻。夏先生问："你现在处境如何？"我说："原来不好，硬说我炮打康生，什么都不让干，我出差去西北，也把我叫回来了，其实我什么都没干，但我事业心不改，不让工作就看书，对业务有帮助！"夏先生说："一个学者不能搞业务是痛苦的，你要坚持！"我说："一定不辜负老师教导。"夏先生最后说："我今天找你，想问一下，你如果在馆里处境艰难，也可考虑到考古所来，搞野外不必了，年纪大了，但搞编辑还是可以的，做《考古》编辑。"我说："让我想想再回答您。"夏先生的一席话，无疑是对我的关切，说明他是爱惜人才之人。但是，是否适合当编辑，我自己都说不明白，因此想为此事请教一些人，尤其是苏公的意见。

苏先生是我在北大的老师，讲授"秦汉考古"，有讲义。讲课时他爱讲奇闻轶事，但最后书归正传，是关键所在。在洛阳王湾实习他也去指导了，主要是为陶片分类，讲王湾类型。记得有一次同学们把苏先生眼睛蒙上，让他分一堆陶片年代，说猜对了，大家请吃西瓜，猜错了，苏先生请吃西瓜。苏先生猜是猜对了，但他说："我是先生，猜对与否，都要请客！"于是大家痛快地吃了一车西瓜。苏先生平易近人，师生相处，其乐融融。我分配到考古教研室，他是主任，我调到中国历史博物馆，他也经常来指导工作。

今晚拜见了苏先生，他依然无所不谈。首先他问我："你再婚了吗？"我说："没有。"他说："要慎重。你到我这个年龄还长着呢，负担也重了，一定要找一个合适的伴侣。……与孩子处理好关系，他们大了，不应影响你们生活，现在我同孩子已经是朋友关系，不见想念，见了又走了。"

"你搞的民族调查很重要，要坚持下去，克服家庭带来的麻烦。要把考古与民族结合起来，这一点你跟汪宁生做得对，成就也大，人们说'南汪北宋'，是肯定、鼓励。"

"现在有些年轻人，跟人家争论，主要是材料，不太必要。做学问，不能急于求成，要打好基础，才能根深叶茂。我劝你 50 岁前多积累资料，多下去调查，不忙于写书，可写点文章，50 岁以后成熟了，再探索理论，可以写书，这时方能驾驭全局。"

"夏先生想调你到所里当编辑，是出于爱惜人才。我看不必。现在从全国调一千个《考古》编辑都有，但从全国找几个把民族、考古结合起来的人极少，所以你还要走自己的路，目前遇到的困难是暂时的，将来会改变的。你是中共党员，不是强调'为人民服务'吗？现在人民极需要民族考古，补充编辑考古所自有办法。"

"每个时代有每个时代的任务，像火车不等人一样。你赶上了这班火车，如民族考古工作，过去有人也想过，但是没有机会，缺少条件，想做也做不了。现在提上日程，也可做了，你就要做，否则火车开走了，它可不等人。"

"学术活动，特别是民族调查，要力争，多搞，工作是很艰苦的，你又不是争名誉。不力争，谁也不会想着你，没有那么好的领导，应该争取多调查，抓资料。"

"依我看，现在还是出人才的时代，有不少有识之士，做了不少成绩，当时条件很难，关键要得法。"

"现在文物展览热，但有一种潮流，就是为了挣钱什么都展，如现在搞古尸展，把祖先的尸体展现给观众，美感何在？太不应该了。民族文物可展，但防止猎奇。展览应该有教育目的，要宣传学术。领导要挣钱，你们是搞学术的，可以不干。"

我们谈了两小时，主要听老师教导，我有两点牢记在心：一不能当编辑，应坚持民族考古；二要抓调查、抓资料，少写文章，写书 50 岁以后再说。这些教导影响了我一生的治学之路。

（三）宜兴行

第三届考古学会是 12 月 13 日结束的，我们四个人各分东西：陈乔副馆长次日去南宁开铜鼓会议，傅振伦先生去合肥，郭仁直接返京，我去宜兴杨巷办一件私事。

14 日，原计划搭 6 点的船，当天可抵杨巷，但订票员买了 8 点的汽车票，这就要在杭州多住一晚上。第二天搭汽车，仅带了一盒杭州糖，经湖州、长兴、丁山，路途平坦，过太湖时，只见帆船点点，风光如画。在长兴吃中饭，一盘鱼仅 4 角。丁山为宜兴重镇，宜兴紫砂实出于此，工厂林立，中外驰名。两点抵宜兴县城，由此去杨巷，还有若干公里，两班船已开过了，只能留宿于此。住县招待所，在街上吃饭，一笼包子 10 个，3.6 角，住宿费则是 3 元。晚上无事，看电视。

15 日，8 点搭船，皆为木板船，有桨、舵、锚，锚有两种：一种为铁锚，一种为麻编球状，内贮草心，干轻湿重，便于携带。除划船外，也有由电动机带动的。每只船上都有民间演唱者，既有老年盲人，也有少年，但一律收小费，每人每天可得两三元，内容有"孟姜女寻夫"等。江水较大，两岸为芦苇丛，附近还有用鸬鹚捕鱼者。

两点半抵达杨巷港，港口不小，如北方的火车站。有许荣山及其母来迎。我们穿过一个小巷，即来到许惠云家，房子临街，但还算安静。

自 1978 年 12 月 25 日徐萱龄去世后，我一直独身，她临终说过两点愿望：一你还年轻，应该再婚；二你应在宋萱留京工作后再婚。徐萱龄生于 1938 年农历八月三日，正是上海被日本占领之日，在人生路上走了40 个年头。中年丧妻是一大灾难，但有的人在死者尸骨未寒时就来提亲了，如清华大学一个化验员就是如此。其他介绍者也蜂拥而至，都是好心，不可怠慢。当时，我馆美工部章毓峰主动跟我说："我有一个侄女，叫许惠云，39 岁，丈夫故去，留一女，人挺好，给你介绍如何？"我说："我对您完全信任，您介绍的人也错不了，有机会可看看。"她说："此人就在京，可看看怎样？"于是在北京看了两次，总的看来条件还不错：年龄比我小；是牙科医生，有固定职业；个子不高，但很白，长得不错；为人不错，有江南女子特点；等等。离京时我们约定再处处看。此次到杨巷就是进一步了解情况。

晚饭极为丰富，有黄鱼、大虾、蔬菜，客人甚多，有惠云大弟、二妹佩佩及其丈夫，还有两位老人和孩子。许荣山很能干，有见解，谈了不少他姐姐的事。晚上打扑克，8 点半至 10 点，同惠云聊天。

16 日，早点吃豆腐脑和烧饼。上午我去河对岸农村跑了一下，做了两件事：

一是调查土法造纸。当地以稻草为原料，拌石灰，堆积成堆，令其发酵。然后用铡刀切成 10 厘米长，搅拌为纸浆，放于池中，进而抄纸，一张加一张，再以木扎扎之，出水，最后分开，晒干，形成粗纸，可做鞭炮原料，也可做包装纸、信仰用品。男女都可造纸。

一是考古调查。在村南桥头附近，两岸有不少断露的地层，其中有不少良渚文化印纹陶片，是很厚的遗址。取若干陶片留念。

下午由许惠云父亲陪同，去中、小学附近，也发现一处坝丘遗址，拾一件石斧、铁带钩和若干陶片，看来这是远古吴文化遗存。

晚上打扑克，惠云的小妹也参加。我在路上碰到她，仅感觉其美，并没有把她与惠云联系起来。从 10 点至凌晨两点半，我与惠云一直聊天。

17 日，本想北上，但昨夜睡得太晚，只得休息一天。到晚上又精神了，又同惠云谈了 4 个小时。给我的总体印象是，惠云人不错，能干，能吃苦，对家庭贡献不小，老大嘛！人也长得可以，性格温柔。家庭比较和睦。但问题还是有的，主要是：

一是年龄，彼此差 8 岁，我又显老，有一天晚上女方说："年龄似乎大了点，跟我爹差不多。"此话本无错，但太伤我心了，我脸上立刻现不快之色，她感到说过头了，拉我表示歉意。这是我们唯一一次肌肤接触吧！这当然是一个问题。

二是两地生活，俩人一南一北，各居一方，平时不能照应，需要搭车往来，辛辛苦苦挣来的工资都交给铁道部了。调到一块儿，当时也不可能。其实这条鸿沟是很难填平的。

三是生活习惯不同，如主食，南方人不喜欢吃面，到北方过不惯等。不过习惯成自然，一旦环境改变了，习惯也是会改的，并不是大问题。

我们应该是朋友，要进一步相处，看看能否跨越鸿沟，消除分歧，这需要时间。强扭的瓜不甜，急是无用的。走走、看看，自会有结果的。后来我们又通过信，交往一段。其他问题不大，主要是两地生活，又调不到一块儿，感觉交往无望，就结束了。

18 日，下午两点半搭船北上，5 点抵溧阳，先去外贸局，见惠云二妹佩佩，她执意让我住她家，房子不大，把床让给我，她与安安住一起。我肚子不好，一夜难眠。

19 日，上午又与佩佩谈其姐之事，我说："我是认真的，所以才来宜兴。"她表示理解。下午 1 点搭汽车去南京。

20 日，上午去看邹厚本，吃早点，又购火车票。中午离开南京，遇周永珍。下午 2 点 40 分搭 126 次快车回北京。

21 日，早上 8 时许抵京。漫天大雪，又回到了北国。

此次杭州会议，对我业务上有决定性影响，我必须坚定地走考古之路，低调生活，多调查，抓资料，在民族考古上下功夫，绝不能搞编辑等文字工作。

二十九　黔东南行旅

　　1982 年 2 月 5 日，有一位苗族同学来访，说今年 3 月贵州将举行十二年一次的吃牯藏，即祭祖仪式，我很想去看看。2 月 17 日俞伟超来，说苏秉琦先生有三个研究生也想参加。22 日北京大学历史系曾给我寄了一信，称"兹有我系考古专业 81 级研究生王文建、吴玉喜、裴安平三同学前往贵州参加民族调查，特请您指导，不胜感谢"。我又邀请我馆李之檀、民族研究所严汝娴加入。

　　2 月 24 日，我们从北京搭火车，26 日上午就到了黔东南苗族侗族自治州首府凯里市。我们先看了贵州印制的《贵州民族节日目录》，有 2000 多个节日，但对节日应该界定一下，不能什么都是节，一个民族天天过节，一天过几个节，还能干什么呢？下午参观凯里集市，我还买了一件别致的瓷质酒海留作纪念。

　　2 月 25 日市文化局接待我们，省博物馆摄影师吴仕忠陪同我们，他是苗族人，是高水平的向导。从他们介绍中知道几件事：侗族人死后必须打牙，否则祖先不认，这是百越民族打牙的遗风；侗族鼓楼是群婚集会场所，认为妇女到鼓楼是"找种子"；苗族也走婚，鞋脱于门外，别人见鞋就止步了，但不及泸沽湖公开；镇远苗族懂得避孕之法，每对夫妻只生一个男孩。这些问题为我们提供不少思考空间。我们在凯里停留两天，以做准备。

　　2 月 28 日，去雷山县。经过有名的西江大寨，当地的龙潭有许多传说，苗族也崇拜岩妈，傍晚抵达麻料寨。第二天座谈。

3月2日，麻料寨拉龙仪式最复杂，我们做了翔实记录并拍照。

3月3日，去空摆村，调查银器工艺。由于苗族重视银饰，一个姑娘往往要佩戴二三十个银饰，所以加工银器是当地的主要手工艺。

3月4日，拉龙时涉及服装，我们对当地棉纺、蜡染做了调查，还对水田养鱼也做了了解。

3月5日，去九摆村，参观吃牯藏及祭牛仪式，杀牛数量很多，影响耕田。下午回麻料寨。

3月6日，调查吃牯藏，知道当地有红、白牯藏之分，规模也不一样。

3月7日，拟回凯里，因严汝娴丢了笔记本，费了半天时间才找回来。我同李之檀研究购文物之事，中午吃饭，又被主人灌醉了，我头昏，还能走，李之檀见风就倒于路边，看来我们都不能喝酒。后经过麻料、排羊等村而返回凯里。

3月8日，去施洞，又搭船去平兆寨。在这里参加三天吃姊妹饭活动，顺便调查水田养鱼、棉纺技术，搜集不少游方民歌。

3月11日，去井洞坳寨，这里的陀螺极大，直径有半米多，是由两个人玩的，只能在地上旋转，而不能悬空。还观看了妇女剪纸工艺。晚上看对歌，先是集体对歌，后来分片对歌，最后是一对对情侣到山林里约会。

后来又去上寨坝，全村排两个长桌，有50米，两边坐着人，举行共餐。食品都是自己带来的，仅在此共餐而已。我们对吃姊妹饭内的符号也做了了解，每种符号都代表一定意思，这应该是符号文字吧。

3月13日，我们回到凯里，待了两天，积累资料。

3月15日，去丹寨舟谣公社星光大队。其中的上堡村还保留制陶技术。居民全是苗族，以吴如亮的制陶技术最好。据他说，这里制陶已经几代人，是苗族工艺之一，但这里是男子用陶车拉坯，雷山制陶由妇女承担，技术落后。

上堡制陶用的陶土是当地产的黄土，也加一点高岭土，挖来的陶土必须晒干，然后铺在地上，以连枷击碎，进而过筛，丢掉粗粒，把筛下的细土放在水缸中浸泡，到一定时候取出，加点细砂，搓成泥饼存放。

制陶所用的工具，除铲、锹、筛、连枷外，有方格纹陶拍、饼状陶垫、刮泥板、布条、切割铁丝、竹围、陶车等。属于快轮制陶性质。当地制陶主要工具是陶车，类似工作台，把泥坯放在陶车上，双手拉坯，成型，再刮泥，抹平，切下，以竹围套住，阴干防裂。

主要产品有：酒海、豆、姊妹罐、盆等。

烧陶流行斜窑，即南方的龙窑，较庞大，前低后高，两侧有数门，内有若干隔墙。每座窑一次能烧50件陶器，烧一天一夜，以木柴为燃料，烧时必封窑。

29-1　侗族击铜鼓

供奉的窑神有鲁班先师、窑王天子、和一真人，供奉时一定杀鸡祭祀，念诵祝词。

如果说前段主要在苗族地区活动，了解了苗族文化，主要是吃牯藏、拉龙仪式、吃姊妹饭、木牛耕作、皮纸制造、地鼓通神等，那么下步将去水族地区看看，听说当地石棺墓奇特。

3月16日，我们通过丹寨去三都水族自治县。县里很重视我们的调查，派姚福祥陪同了解情况。头两天，参观石板墓，18日在水磨房村做拓片，这是取得石棺形象的最好方式，当然也有照片、绘图等方式。下午去下水龙村。19日去石板村，该地石棺上有铜鼓纹样，极为珍贵。与此相对应，该村还在使用铜鼓，即把铜鼓横悬于梁，一人扶鼓击之，另一人拿一个木桶，口对铜鼓口，打一次，对接一次，因此起到了扩音效果。在水族村落，还看见几本水书，都是巫师用的，巫师还送我一本，后来我也购了几十本，交由国家博物馆图书馆收藏。下午赶到周覃区，该地为山区，经济落后，保留不少

29-2　水族石棺拓片

狩猎文物。

3月20日，参观板光村。这里居住布依族，四周为水族的村寨，但保留本民族特点，如不用石板墓，婚姻保留了不落夫家习惯，但没有黔南的"戴天头"风俗。下午去水龙寨，过去这里常闹旱灾，以拜龙求雨。第二天回三都县城，向女县长告别。

王品魁来，共在姚福祥处进餐。王品魁是研究水族文字的专家，他还送我一本专著留念。当天返回凯里。

3月23日至月底，主要参观侗族文化。

3月23日，去榕江。"黎（平）、从（江）、榕（江）"是侗族聚居区，与广西三江县毗邻。过去在三江仅看一个皮毛，今天有机会涉足侗族文化了。抵榕江县城后，洗涮、休息。

3月24日，去榕江县民委请示工作。民委向我们介绍该县民族概况，侗族是这里的主体民族，文化水平较高。车江地区发达，我们参观了鼓楼、圣母祭坛，当地还保留女神崇拜，这是过去没见过的。我们走访了几家纺织作业，当地种棉，并且有发达的纺织技术，纺织歌曲也较多，我们一一做了调查。

3月25日至26日，在加烧村停留，参加了在田坝上的斗牛现场。十里八村的人都来斗牛，有十万余人参加。人们几乎把斗牛视为自己实力的比赛，像节日一样热闹。

3月27日，搜集少儿歌、纺织歌，观看几家牛王栏舍，有专人喂养，但大家出草和料。

3月28日，去丰登寨，再一次参观了斗牛仪式。第二天搜集斗牛歌。

　　4月初，离开丰登寨，步行到加利公社，下午回到车江。途中在翻译、向导张利宾家吃饭，他是民委干部，人很好，跟我相处融洽。在乡下，我们有时住一个木床，盖一个被子，当地春天还是比较凉的，等睡着了，也不讲"礼"了，互相抢被子盖，回忆起来十分有趣。听说他后来病故，心里很痛苦，他曾给我留下很好的印象。

　　4月3日回凯里市，第二天搭车回北京。

三十　筹建民族博物馆

　　1984 年 1 月 12 日，马沙找我说他父亲马寅想请我谈谈，定在第二天 9 点在民委碰头。我按时去了。马寅为民委文化司长，刚从日本回来，说中国亟须筹建中国民族博物馆，办成公园式，可分批建成。他给我不少资料，让我起草《筹建中国民族博物馆报告》，当时四川民族所长李绍明还在北京，马寅同意后，我又邀李绍明一起工作。马寅最初想在玉渊潭内建馆，听说现已成了儿童科学园，只能在龙潭湖打主意了。

　　当时我感兴趣的是民族博物馆筹建的历史，为此写信问吴泽霖先生，他马上回信，说：

　　　　承蒙关于建国初期周总理邀我抓民博筹备工作事，情况有出入。事实经过是这样：在西南民族访问团回京后不久，在民族事务委员会的一次座谈会上，刘格平同志介绍我同当时的民委主任李维汉同志见了面。刘介绍了我们贵州分团收集了不少民族文物，并在贵阳成功地开了一次少数民族文物展览。李当时对我们的工作表示赞赏，并说周总理和他本人都很支持这类有利于少数民族工作的事。他还嘱咐说，收集到的民族文物应好好保存起来，将来条件成熟后可建立民族博物馆来保管民族文物。当时就谈了这些。

　　　　第二年（1951）春刘格平同志邀我参加了一次会。出席的除刘外，还有文化部长郑振铎、一位什么部的负责人、几位民委的人。会

上报告了政务院（当
时国务院的称呼）决
定要举行一次全国性
的少数民族文物图片
展览。大家交换了一
些意见后，郑振铎
同志提议由我任秘书
长，负责主持这次展
览，另外请两位副秘
书长协助工作，当

30-1　吴泽霖谈民博建设

即商定由李有义和马学良二位同志担任（当时我和李有义在清华，马
学良在北大）。这次展览后来在故宫三大殿举行，为期几个月，许多
国家领导人都去参观过。展览结束不久，民委会通知我，他们想筹
建民族博物馆，聘我任筹备主任，杨辛和庄学本为副主任。杨辛同
志（后来任中央民族学院教务长、副院长，现任宁夏回族自治区宣
传部长）同我一起在北京遍觅馆址，曾考虑将北海公园内万佛殿作
为馆址。不久"三反运动"开始，民族事务委员会内开展得很激烈，
运动结束后，人事组织及机构有了较大调整，我也回清华参加运动，
半途被西南民族学院留住，在那里任职。民族博物馆筹备后来也没人
再提及了。

　　后来我去东北参观，民博的事就放下了。6月16日马寅又邀我协助工
作，从此时一直到年底，借调民委文化司半年。当时主要起草抢救民族文
物报告。6月20日，马寅又同我说拟开一个全国民族文物工作会议，为起
草报告，我说人手不够，可否再请几个专家。他同意，于是请李绍明、高
宗裕、王炳华、覃圣敏、杨志军等，共草拟了马寅同志的报告。还有一件
是《民族文物保护条例》，作为《中华人民共和国文物法》的补充。

　　在10月17、18、19日三天开筹备会议，参加者有马寅、谢辰生、黄景略等人。会议通过了研究报告、文物保护条例草案，还准备召开一次记者会议，宣传民族文物的重要性。

10月27日至11月2日召开全国民族文物工作会议，头一天开幕式，分别由伍精华、丁涛讲话，白寿彝也谈了话。上午马寅做正式报告，下午各组开会。10月28日，有大会发言，发言者包括傅懋勣、佟柱臣、常书鸿、杨成志等先生。各地来了不少专家，我听了容观琼等的发言。在会上我也做了一个发言——"民族文物的定义、特点和范围"。会议散会时，我看望了夏鼐先生，他对我说："你现在在中国历史博物馆工作还行吗？"我说："还行，让我正常工作了，目前在民委帮忙。"他语重心长地说："建国十周年时，搞十大建筑，有民族学家，本意搞民族博物馆，后来发展方向错了。这次办民族博物馆，可要接受教训，一定要搞学术的，不能搞政治机构。你在这方面做了大量工作，已有一定基础，应让民族博物馆发挥更大作用。我刚跟马寅谈过，行政上不要干预，办馆要听大家的。"吴泽霖先生未来，但10月27日来信建议："可否考虑在民博筹备处设立一个情报小组，专事调查了解所有民族文物机构的情况，特别是民族文物收藏情况，作为一个民族文物的信息中心，在此基础上开展一次一定规模的文物交流。"

会议前夕，可能是10月23日，贾春光、马寅在民族宫开一个记者会，有30多人参加，马寅介绍了民族文物工作会议的重要性，拟在"七五"期间建馆，说会议有汇报、报告、工作条例、呼吁书、建议筹建民博等事。会后在民族宫就餐。

会后有一次国务院编制办公室要同民委谈一下，马寅不在，我同民委小石去了中南海。那是12月26日。我们申请业务人员65名，行政管理人员40人。经过双方交流，最后给民博编制115人，我们是很高兴的。接待我的男子叫古伦，正是我馆葛孝绪的爱人，古伦对她说："民博有宋兆麟这样精干的人主事，事业会错不了。"但他们没想到的是，我也不过是过客，没待多久，我也不干了。后来听说马寅故去了，又换了一个什么名人的女婿、一个官员的夫人，均不懂业务，工作没起色，日子愈来愈不好过，调走不少青年干部，或出国深造或转往他处工作，民博几乎停滞甚至后退了。

自从国务院编制办公室归来后，我头脑中想一个问题，中国民族博物馆建馆非一日之功，现在又有了筹备处，今后干什么？有一次马寅

30-2 筹备会上与同事合影

也问我："你看今后怎么办好？"我说："急于办馆不可能。但可积极准备，创造条件。"马寅说："能否具体点。"我说："除有个筹备处和一般人干活外，最关键的是民族文物调查和征集工作，哪怕一年搞一次调查，征集一个民族文物，搞一个民族文物汇报展，这样三五年就像样了，搞十年就会有重要影响，那时再正式建馆就水到渠成了。"马寅问："你认为第一个调查点怎么选？"我毫不犹豫地说："海南黎族，文物多，有特点，外界知之甚少。"马寅很高兴，决定先去海南调查。

海南民族文物调查队，考虑到组织架构问题，因此海南之行我借故未去，从此回馆工作，与民博筹备无涉了。据说民博所20多人，投资近20万元，在当地搜集4000多件黎族文物，还举办过黎族文物展，我认为这是马寅立的一大功，至今这些黎族文物也是民博的镇馆之宝。

我离开民委后，曾给吴泽霖先生一信，谈了自己的做法。他回我一信，内容如下：

接读一月十六日大函敬仰一切。首先，祝贺你爱人已有了较好的着落，这对安定家庭生活是一个重要因素。第二，你摆脱了民博的筹备工作，我觉得是明智之举，筹建时期必然是乱哄哄的，一切工作必然要受民委会大大小小干部的支配，尤其在人事上必然会出现种种矛盾，你若置身其间，对推动民博工作未必能顺手，而你的研究和写作

就难得进行了。浪费了像你这样年龄的人的宝贵光阴，那真是太可惜了！马寅同志是有意想办好民博的，但他能否顶得住种种压力，还得等着看，加上他的年龄关系，他未必能掌舵到馆的建成。至于我的问题，大家都认为目前去北京毫无意义。作为一个年迈的人没有能力、也没有精力去参与行政工作，于具体推动民博工作没有什么作用，但由于我的一走，牵涉到这里的问题就太多了。我自己在这里的工作，找谁来顶替？女儿女婿跟着走也会影响这里的教学，甚至外孙女的入学问题也难以解决，这些实际情况，我想马寅同志在我们交谈之后，一定会谅解的，他说他将向静仁同志如实汇报。

蔡家祺同志曾来信云，你想把他借调到民博，他还拿不定主意，估计现在已有所决定。他说他之所以加以考虑，是因你在主持，现在你已退去，我想他就不会再考虑了。培中事，马寅同志没有信来。

…………

喜闻你已把民博讲义的下册写完，印就后务请购下一份以便拜读，并让这里的工作人员多受教益，专以致候。

时祺

泽霖

（1984 年）10 月 28 日

吴先生的信条理清楚，分析透彻，我也是理解的。我离开民委已近 20 年，民博筹备处多次易主，在征集民族文物上只关注黎族文物，其他民族文物正在大量流失，痛心之至！

三十一　在威尼斯开会

　　1985年3月28日，我们七人代表团去威尼斯参加国际考古学术讨论会，中国代表团有李学勤、安志敏、洪廷彦、林寿晋、孙机、张光直和我。我们4点从北京起飞，6点到香港。第二天到巴林，下午6点抵罗马，有主人来接。我们吃过晚饭后，又飞往威尼斯，飞机飞得很低，能看见地中海、阿尔卑斯山、意大利大部分城市。本来可早点到威尼斯，因机场罢工，我们只能在威尼斯较近的地方下飞机，后搭汽车前进。威尼斯禁止汽车通行，我们又改坐汽艇才住进酒店。酒店为五层老楼，内部装饰一新，靠近河边。

晚饭后上街活动，没有5分钟就到了圣马可广场，建筑宏伟。威尼斯是意大利最大的港口之一，据说马可·波罗就是从此起航到中国的。

　　3月30日晨，虽然时差5小时，但已经休息过来了。当天参观威尼斯大学，由校长接待。该校分化工、外贸、中文等系。我们还参观了校舍。归来路过圣马可广场，鸽子成群，与游人嬉戏。下午参观总督府，为无柱大厅，极为壮观。晚上参观大桥，观万家灯火。

　　3月31日上午去一海岛，参观玻璃

31-1　作者在威尼斯

作坊，当地玻璃工艺驰名，还保留了传统工艺，其中的吹玻璃给我留下深刻印象。下午林中大使请我们共进晚餐。

4月1日去乔治岛会议中心参加国际考古学术研讨会开幕式，到场的有二三百人。上午由市长主持会议，中午去海边散步、合影，下午由东方学院院长主持会议。其中安志敏讲"黄河流域早期文化"，林寿晋讲"商周青铜器"。那天我同张光直聊天。晚上有张铜来，说普米族有文字，并送我一张拓片为证。

4月2日继续大会发言。我第一个讲"河姆渡的稻作文化"。我虽然是首次在国际上宣读论文，有些生疏，但并不胆怯，因为毕竟是研究史前文化的，对内情比较了解。第二个发言者是皮尔逊，他还说："我首先感谢宋先生，我的研究从他的文章中受益匪浅。"他认为河姆渡文化已经有犁。其实是良渚文化。第三个发言者讲"华东沿海新石器文化"，认为"中国遗民从北宋开始"，又说"台湾是澳大利亚人去大陆后才有的"。看来他不熟悉中国史。讨论时大家都持异议。下午大会发言者有林寿晋、吉德伟、巴纳。事后又讨论。

4月3日继续开大会。上午哈佛大学柯理讲青铜器铸造，认为不是一般的失蜡法，而是分别浇铸的。洪廷彦讲郑州青铜器，李学勤讲西周多国铜器。

4月4日上午李约翰讲"西汉法医学"，鲁维讲"占卜术"。后者讲的风卜，在讨论中李学勤说甲骨文中已有卜术。吉德伟同意李学勤的观点。石师道讲"兵家占卜"。下午张光直讲"中国与外部世界"。

大会之后，我们又参观了佛罗伦萨、罗马等城市。有一天在吃早点时与李约翰、桂之珍同桌，谈了不少问题。李约翰说："你搞民族考古很重要，应搞下去。"事后不少朋友来找过我，石师道还送我一个瓷盘，至今留念。

在整理档案时，还发现当年在威尼斯发言的论文草稿，内容如下：

　　30多年来，中国的考古事业取得了前所未有的成就。以新石器时代考古为例，过去的工作基本上限于黄河流域，而且，工作不够深入。

新中国成立后共发现了 6000 多处新石器时代遗址，分布遍及全国，内容十分丰富。前面安志敏、林寿晋两位先生已经阐述了黄河流域的新石器时代文化，说明当地是中国文明的摇篮。70 年代河姆渡遗址的发掘，也为研究中国文明的起源提供了大量新的考古资料。

河姆渡文化是长江下游的一种新石器时代晚期文化，因 1973 年首先在浙江余姚县河姆渡村发现而得名。经 1973 和 1977 年的两次发掘，出土了大面积木构建筑遗址和各种文物。据地层关系、器物类型研究和碳十四测定，河姆渡遗址被分为四个文化层。四期文化有明显的衔接关系，延续时间长达两千年。其中的第一层距今 4700 年，第四层距今 7000 年前后。目前已发现同类遗址 20 多处，主要分布在杭州湾南岸、宁波、绍兴平原和舟山群岛。

河姆渡遗址东距宁波市 25 公里。蜿蜒的姚江从遗址南、西两面徐徐流过；南面是竹木青翠的四明山麓，遗址东、北两面为宽阔的平原。在村落与姚江之间有一座突然拔起的小山。在遗址北部约三公里至五公里处的耕土层下，有一片泥炭层，而河姆渡遗址的孢粉谱中也有水生草本植物的孢粉，说明当时这里是一片湖泊和沼泽地。由于季风的影响，当地雨量充沛，气候适宜，动植物资源丰富。遗址出土有象、犀、猕猴和红面猴等动物遗骨。根据对孢粉的分析，当时在河姆渡附近生长着茂密的亚热带常绿落叶阔叶林。主要有檀树、枫香、栎树、栲、青刚、山毛榉等；林下地被层发育、蕨类植物繁盛，有石松、卷柏、水龙骨、瓶尔小草；树上缠绕着窄叶海金沙和柳叶海金沙。这两种海金沙现在只分布于广东、台湾、马来群岛、泰国、印度和缅甸等地。这些现象表明 7000 年前的河姆渡地区相当湿热，接近于目前我国华南广东、广西南部和云南南部等地的气候。

河姆渡的地理环境和气候条件是适宜水稻种植的，而且在我国北纬 25 度以南曾分布有野生稻，这使当地具有发明水稻的优越条件，并且得到了考古资料的证明。

第一，河姆渡遗址各文化层都出土许多水稻遗物，特别是第四文化层内保存了大量的稻叶、稻秆和稻壳,有些地方的稻壳堆积厚度达几十厘米。经过水稻专家鉴定,有籼稻和粳稻,其中以籼稻为主。这两种稻是亚洲水稻的两个基本亚种。

第二,伴随水稻出土的还有生产和加工水稻的工具。在两次发掘中共出土170多件骨耜和少数木耜。骨耜皆由偶蹄类动物的肩胛骨砍掉骨脊而成。一般长20厘米,刀长11厘米,柄宽4.5厘米。上部的柄厚且窄,下部的刀薄而宽。柄部经过修整,在前面正中均有一道凹槽,供安木柄之用。为了拴得牢固,在骨耜柄部两侧均刻凹槽并且横向相通,或者在骨耜上的浅柄两边各挖一长孔,经过上下两道捆绑就结实了。这种工具是河姆渡水田农业的代表性农具。

考古资料证明,黄河流域是中国文化的基本发源地,这里从100万年前后的蓝田人到近代一直有我们的祖先繁衍生息,具有上下文化的连续性。距今4000年前后在黄河中游出现夏王朝,长期以来都是中国古代政治、经济和文化的中心,因此说黄河流域是中国文化的摇篮是受之无愧的。但是,考古也同样证明,远在很早以前长江流域也到处留有我们祖先的足迹。较晚的旧石器和新石器文化遗址就不胜枚举了。特别是当农业出现在中国的地平线上以后,就形成了两大农业文化系统:黄河流域的粟作农业和长江流域的稻作农业,在这种基础上也形成了不同的物质文化特点。特别是长江流域原始文化稻作农业、发达的渔捞业、干栏建筑、有段石锛、发达的玉器和象牙器、善于舟楫,等等,这些文化特征与黄河流域的原始文化的粟作农业、半穴居和地面建筑、发达的彩陶艺术、卜骨信仰等截然有别,两地文化各有特色。但是,它们并不是孤立存在的,而是互相影响,尤其是稻作文化与粟作文化逐渐结合之后,在中国广大地区出现了一个幅员辽阔、人口众多、经济发达的农业文化区。稳定和进步的农业经济,不仅养育了无数的人口,还出现了较多的剩余产品,促进了社会分工和交换的发展,从而出现了私有制、青铜、城市和文字,揭开了中国古代文明的新篇章。雄辩的事实说明:中国古代文明的诞生,一方面是中原地区自身经济文化的发展，另一方面也吸收和融合了周围地区的有益文化，特别是长江流域的远古文化，给中原文化以新的补充和促进，中国古代文明正是在黄河、长江两大流域的农业舞台上孕育和发展起来的。

31-2　与张光直在主席台上

中华民族所创造的文化根深叶茂、源远流长，这种历史的延续性和持久性是中国古代文明的重要特色。中华民族所以永葆其文化的民族特色，原因是很多的，如地大物博、进步的农业文化、中央集权制、四周有天然的屏障，等等，其中重要的一条就在于她植根于世界上最大的农业地区之中，成立在雄厚的农业文化基础之上，蕴藏着巨大的生命力。

三十二　东北行

　　为了了解东北地区古文化，尤其是史前文化，我们决定去东北走一趟，同行者有黎家芳、孙其刚等。我们从东夷文化入手，所以先去山东。

　　1984年4月22日晚坐火车，第二天天亮抵济南，晚7点抵烟台，住华侨旅馆。

　　4月24日上午参观烟台市博物馆，主要是陶瓷和革命史。该馆原为福建会馆，院子很大，木雕建筑好，会馆把闽南木雕带到北方来了。下午看长堤，观大海。

　　4月25日搭车去蓬莱，后坐一小时船到长岛，参观长岛博物馆，有旧石器文化遗物，新石器文化遗物有石锚、石网坠、刮鱼刀片，说明渔业较发达。也有岳石文化、商代和战国遗物。

　　4月26日早晨来到海边，发现不少陶片，从龙山到战国都有。该地本为东夷所居，但为黄河流域文化所融合，也是与东北地区文化的交流地带。从大汶口文化开始影响辽东文化，到龙山文化影响最多。当时怎么过海？从海岛一个接一个过去，岛间用葫芦舟，至今捞海参还用葫芦船，宋承钧做了具体介绍。

　　4月27日，多雾。上山玩，看了王沟，此地石子很漂亮。

　　4月28日从长岛回蓬莱，参观蓬莱阁，后坐汽车回烟台，还发烧了。晚7点搭工农兵14号船去大连。

　　4月29日退烧，早晨到大连。下午同宋子健去老虎滩，看见不少群众在赶海，捞海产品。

4月30日参观旅顺博物馆，谈借调几十件文物之事。参观了于家村、郭家村等遗址。

5月1日，同大哥、大嫂、子健搭车去游几个公园。同时采购酒、点心和海物，准备回辽阳半拉山子老家看看。

5月2日上午休息，下午坐火车北上，晚8点抵辽阳市，住二妹晓君家。这是我读中学的地方，面貌已经大改。

5月3日去看辽阳高中，建筑如故，人事已变，引起不少回忆。9点坐吉普车去半拉山子村，路不好，转了好大弯才回村，下午去南拉子、东山，向母亲墓献花。

5月4日由父亲陪同，去破烂不堪的南山，看了河套地。又看几位老人，多已不识。据王绵吉大爷讲，我家是先当保镖，后烧石灰，在本溪有48.5顷地。后打官司，为本溪建设局征用，本想给52顷地，我家不干，给了17000银元，本可购300顷地，但不久钱毛了。本溪地块在曹庄子、许庄子，位于太子河南，由宋大、宋二领名。

5月5日，坐车去沈阳，在安林家吃早饭，下午去抚顺，看大妹晓智，住一晚上。

5月6日带三个孩子爬山，逛劳动公园。下午4点回沈阳。

5月7日参观辽宁省博物馆，其中的青玉璋可能为织布机刀。看见新乐文化实物。

5月8日参观新乐遗址及出土文物，其中的煤精，有的是玩具，有的是耳珰。

5月9日去丹东，先去看冷涛姐，不在，晚上她来看我，说家乡变化挺大。

5月10日去东沟县三家村后凌遗址，见发掘负责人许玉林，出土石器较少，多巫术性遗物，事后为此写一论文。午后去大孤山，在山顶看圣水宫，观大海。

5月11日参观丹东文管所文物。下午游鸭绿江，晚上小红夫妇及二姐

32-1　三江口留念

来访。

5月12日逛锦江山花市，参观市容。8点半坐火车去沈阳。

5月13日，周日，白天与富严女士逛街，晚上看望老婶。

5月14日周庆明来，带来10封信。晚上去辽宁大学看二哥。

5月15日，上午去辽宁省博物馆看红山文化女神像，十分可爱。

5月16日到长春，傍晚去东朝阳路，看见贺瑛、小录、九江、七宝、秋江，多谈学术动向。

5月17日参观吉林省博物馆，历代文物都有，看见鲜卑、高句丽、契丹、女真等文物，均为古代民族遗存。

5月18日从西安桥到医科大学，又去吉林师大看文瑛，后逛南湖公园。

5月19日到延吉市，下午参观延边革命展览和成就展览，晚上看朝鲜族歌舞演出。

5月20日除看历史文物外，也看了朝鲜族民族文物，如牛轭驾于牛肩上；翻地仍用耒、耜；流行洗衣棒；婚礼中用鸡和木雁；锅灶清洁可鉴。

5月21日爬帽儿山，从南侧下，拾到不少陶片，后进朝鲜族村落，他们正从事水田生产，犁较特殊。房屋为长房形，草顶，灶较低下。该族极讲卫生，进屋必脱鞋。用黑陶，大量用陶器。他们重视子女教育，谚语说："儿子属自己的好，老婆是别人的好。"

32-2 朝鲜族翻锹

5月22日去龙井县三合支关，在山上能看见朝鲜公园、金日成夫人塑像。回来，延边民俗馆任东剑馆长陪我们在农民家吃饭，饭后跳舞，对此我敬谢不敏。参观龙井县民俗馆，其中的七锭纺车引起我极大兴趣。

5月23日去公园北林中看遗址，采集不少陶片。看见妇女头上置一草圈，其上放陶罐顶水。下午话别，沈东剑送我两个彩卷留念，他们与韩国关系较密切，晚上返回长春。

5月24日去哈尔滨。

5月25日参观黑龙江省博物馆，看见了十八站、肇源白金宝、新开流、莺歌岭等遗址所出实物，总的感觉黑龙江史前文化偏晚，有若干类型（嫩江、乌苏里江、三江平原），互相影响甚至取而代之，桦皮文化突出。下午又看库房，谈借调文物事宜。

5月26日上午去考古所看文物，杨志军所长全力陪同。下午去西厢区看金墓发掘现场，文物甚珍贵。晚上在同窗魏国忠家吃饭，有张泰湘、谭英杰来聚，又访孙秀仁。

5月27日上午参观松花江和哈尔滨市容。中午在杨志军家吃饭，决定明天去齐齐哈尔市。

5月28日早8点搭火车西行，下午两点到齐齐哈尔市。

5月29日去昂昂溪，其西为草原，东为农区，位于沙丘之上，周围为沼泽、湖泊，可知当为渔猎文化。我们去五福遗址，是梁思永当年发掘之地，又到蒋家岗、南岗，还能捡到不少遗物。

5月30日，先参观齐齐哈尔地区文物站，后看嫩江文物工作站，都做了不少工作，缺人才、经费。

5月31日参观碾子山蛇洞山遗址。

6月1日去富裕县，当地已讲究"走后门"、"拉关系"，顺口溜说："年龄最重要，文凭不可少；关系是关键，德才不重要。"

本来想去三家子村看民族文物，但昨天降暴雨，把路冲塌了，不能去。听说当地有满族族谱、石碑、摇车、睡扁头枕具、打兔弯刀，但未能亲眼看见，十分遗憾。只能看小登科出土文物。这里地处嫩江湾，目前生活有达斡尔族。建议当地抓民族文物保护与发掘工作。

6月2日抵海拉尔市，米文平同志接待，先看文史馆，有蘑菇山旧石器、伊敏河细石器、嘎仙洞拓片，鲜卑文物不少，还有契丹文物，很明显这是多民族的后院。下午谈抢救民族文物的重要性。

6月3日原本打算去伊敏河，但降雨。先听米文平讲嘎仙洞发现经过，认为是一处穴居遗址，年代不明，缺乏科学发掘。下午去西山调查，一片沙漠，偶尔能拾到细石器、陶片，但多遭破坏。

6月4日逆伊敏河而上，基本在东岸，开汽车行进。草原上的大烟花、马兰花、黄花盛开，草丛也很深，景色极美。到处是风吹出的细石器，我们捡了不少。年代较晚的有鲜卑墓葬，用桦树皮包尸，多随葬马头、耳环、臂镯、陶缸，也有辽代墓葬。

6月5日，我们在呼伦贝尔草原上观察。伊敏河是大兴安岭西坡的主要河流，流入海拉尔河，最后流入额尔古纳河，但是当地比较干旱。大兴安岭东坡为嫩江，其他为沼泽地带。大兴安岭成了分水岭。东部松嫩平原，受太平洋暖湿气流影响，多雨、湿润，无霜期120天，地势又低，适合农业。可是呼伦贝尔草原海拔高、雨水少，无霜期80—90天，气温低，又干燥，不适宜农业，却成为世界三大牧场之一。所以呼伦贝尔草原是北方游牧民族的发祥地，翦伯赞先生认为是北方民族的后院。

6月6日，本想重复伊敏河调查，因下雨而止，8点改去海拉河南岸。跑了80公里，沙滩数十，均不见历史遗物，原来此地低，处于河口风地

32-3　在呼伦贝尔草原考古

带，古人多不居此。但现在蒙古族则居住之。我们入其家进行一些调查。

一个五口之家，要养 5 至 10 匹马，供骑用和拉车；养 10 至 40 头牛，用于取奶；养 100 只羊，母羊 85 只，公羊极少。谚语说"百母百子"，繁殖力较强。

蒙古包以木为架，外搭羊毡，以绳拴牢，包内中央为火塘，现代改用炉子。老人居中，男人居左，女人居右，一进门两侧放工具、食具。主要工具有马鞭子、套马杆、木槌、爬犁、玩具。

蒙古包外有人车、水车、粪车、衣车，各户以车多为富。

该族信仰藏传佛教。所用佛像、唐卡、法器皆小巧、轻便，便于迁徙。过去看一种突厥的莲花一尊、三尊、七尊，不知用意，现在明白了：迁徙时合成一个莲花头，佛像在其中，到了所住地，打开是一个开放的莲花，中央有一佛、三佛或七佛。

蒙古族好客，客人进蒙古包，主人烧奶茶待之，然后去外面车上取出点心。奶茶是把奶煮沸，倒入小米，加盐而成。

该族居住条件，一要求草好的草场，二要求有水源，如水泡子、江河和湖泊。缺一不可，一般按季节迁徙。

6月7日，继续去伊敏河调查，重视地层，同时搜集若干石器、陶片，海拉尔文管会齐惠君一直陪同，今天还问我怎么学民族学，我一一答之。

6月8日，北风起，气温下降，只好穿毛衣。此次到呼伦贝尔调查，一是看了蒙古族民俗，二是踏行了不少古代文化遗址，搜集大量文物。下午收馆里电报，催促回归。经过一天的行程，于6月10日早到京。

三十三　台湾游记

受台湾中华民俗艺术基金会之邀，我们民俗学会一批人去参加"两岸民俗艺术研讨会"，由我带队。本来 10 人，其中郭子昇单位领导没批准，幸亏我们不归他们管理。

我们是 1988 年 4 月 28 日出发的，共有 9 人，有王树村、刘铁梁、周星、徐艺乙、杨德钧、黄炳元、徐斌、李露露和我。飞机 7 点 50 分起飞，当时还没有到台湾的直航班机，必须先到香港倒机，办入台手续。10 点半抵达香港新机场，出机场时，外国人、台湾人很快就出去了，大陆人排了好长的队，这使得一位东北旅客大骂机场的人，认为他们"认洋不认祖，是殖民者的嘴脸"。一骂真灵，又开了一个出口，我们才出关。

出了机场，又等人，乘地铁、汽车去办入台证明，香港人流如潮，拥挤不堪。在街上吃便餐，又赶回机场，7 点多飞机起飞，天色已黑，万家灯火明显可见。9 点抵台北机场，有庄伯与林小姐来迎。我们直向松江路，住在六福宾馆。

4 月 29 日"两岸民俗艺术研讨会"大会开幕，双方负责人先讲几句话，我也讲了几句，然后大会发言。一般是上午分三场，每场有两三人发言。每个人发言后由一人评议，然后是开放讨论，众人可提问题，主讲人回答。这次大会大陆有 9 人发言，台湾有 14 人发言。会上来不少客人，其中台东史前博物馆馆长刘义山，我们谈得不错，他想请我去帮忙。我事后还寄他一本《中国原始社会史》。徐政夫也请我喝茶。

33-1　与台湾学者在一起

4月30日继续开会。在台湾图书馆会议厅举行，下午大会结束，由王树村致辞。晚上在湖南餐馆，由台湾省文化处请客，饭桌上文促会刘主任讲："年年可开此会，中国幅员辽阔，有50多个民族，民族文化是中华文化的根。"老先生许常惠说："我赞成早日统一，但不要动武，从民俗文化交流开始，明年可去北京开会。"会上又歌又舞，极为和谐、融洽。晚上下了一夜雨。

5月1日南下，进行为期三天的参观。中午抵鹿港，参观由财团支持的私人民俗馆，办得很好。又参观天后宫，赶上祭祖，仪式宏大。又看了锅作坊、木作坊，均为台湾省保护项目。这里是台中地区，停留较短。晚7点至台南，吃晚饭，洋味极重，有刘义山陪同。他说："大陆在民俗方面做了不少工作，两岸虽然没通，但我们是同胞、兄弟。"他先搞民俗，现在搞水墨画，是台湾美术界名人。参观不少古建筑，还有天后宫庙会。

5月2日，台湾古庙较多，早上在天下饭店附近转转，一里地内有盖古宫、地藏宫、城隍庙、观音寺、五帝庙、三山国王坟等，有专人管理，文物较多，环境清洁。据说大陆在破"四旧"时，台湾掀起保护传统文化热潮，许多旧东西被保留下来了。

在台南文化中心召开"两岸民俗艺术研讨会"分会，发言者不少，我讲了三点：一、两岸要加强民间文化交流；二、台湾开放与移民历史；三、下次相聚于北京。下午参观安平古堡、巨石文化遗迹。下午又降雨，晚上共餐，刘义山送不少书，说："我们都是同胞，不管何时，我们总是一家人。"

5月3日，离开屏东天下饭店，向西南方向开车，能看见大海。过排湾文化遗址时，参观一下，旧物极少，多为仿制的。中午吃客家饭，房子矮小，中间为客厅，供祖先、土地。这些人从广东迁来，因镇压林爽文起义有功才住于此。下午参观垦丁森林公园，看了蛙石、猫眼、风景台、古洞、灯塔，这是台湾最南端，能看见巴士海峡。晚上在垦丁吃饭，刘业荣来，谈他欲去北京事宜。晚上看高山族（当地叫"原住民"）歌舞表演。夜间闷热，难以成眠。

5月4日，到屏东渡假村，是台湾省民政厅办的，房子是新建的，设计现代化，有表演队，适于旅游。讲解员都比较有水平。当地习俗，也在住宅外撒一圈灰土，目的是防止蛇来犯。11点到原住民文化公园，看民叉球、背媳妇等民俗表演，看了陈列室和新建的原住民房子，其中有一方石碑，内部文物皆后来创作，但保留了古风。下午4点半到了高雄机场，6点起飞，回到台北。

5月5日、6日，又在台湾进行若干活动。

首先参观了台北"故宫博物院"。博物院背山朝阳，仓库在山中，建筑宏伟，陈列展览一年要换十次，所陈列的文物也极佳，其中许多比大陆的好，但缺乏近几十年的考古发掘珍品。院长秘书是刘义山的夫人，热情接待了我们。我们购了几本书，在馆内就餐。下午还去对面看了台湾少数民族的博物馆，东西不多，有一件极大极佳的山东青州出土的北魏石站像，馆长说花200万台币购得的。

其次访问了《汉声》编辑部，刊物名声不小，房子不大，看了才知道，编辑们极为敬业，努力工作，所以能编出好的刊物来。我有一段时间，几乎每期都发文章。该刊在保护中国民俗文化、沟通两岸文化交流上有过很大的贡献，令我们敬重。

三十四　深圳民俗村

1991 年，我曾去过一次深圳民俗村，当时该村有名无实，现场除"锦绣中华"外，一片荒山，南山寺仅有传说，只有一个被废弃的海港。听说这里有过辉煌，鉴真东渡有一次就从此出发，当时民俗村的马总，很有远见卓识，认为："深圳是个文化沙漠，又是改革开放的窗口，给人看什么？外国客人、香港客人到中国大陆看山水，不会在深圳。在深圳主要是看民族文化，除'锦绣中华'为导引外，很想搞一个民俗村，它会有魅力，留住中外游客。"基于上述考虑，当地想办一个民俗村，包括 20 多个民族，每个民族有几栋民居，还有民俗、歌舞活动，究竟怎么办，请各路专家研究，提出设计方案。当时投标的有两大家：一家是以张道一为首的南京艺术学院，另一家是中国民俗学会，几个副主席都来了，经过分析、比较，中国民俗学会中了标，后来又做了具体设计方案。

时隔一年，即 1992 年，我二访深圳民俗村，这次主要是论证该村民俗博物馆方案，该方案是由贵州王某做的。

1992 年 3 月 31 日，我们 12 点坐飞机，下午 2 点抵广州，乌丙安已到，再等张紫晨、柯杨、刘锡诚、任真，人齐以后吃广东火锅，8 点坐汽车，11 点到华侨城东方花园，这里都是小楼，海边还有游泳池。

4 月 1 日早晨起来，游海滨，拍照，上午参观"锦绣中华"，下午看民俗村。总的感觉有些重南轻北，北方没有狩猎民族，傣族房内的男女柱、朝鲜族房子的方向、侗族风雨桥等都有硬伤。我们提的这些建议，马总都接受且改了。晚上兰克来谈情况。

4月2日开座谈会，专家发言，兰克也接受大家评议。我建议海上设千手千眼观音不如设释迦牟尼，多搞工艺技术，加强北方民族内容，可设学术委员会，防止出现硬伤。

4月3日，王某谈民俗博物馆设想，大概3000平方米，不是博物馆，是旅游景点。突出图腾——如峪口、华表，还要突出仰韶文化的丰收女

34-1　在深圳华侨村

神。又说满族要突出满族小脚，佤族要表现吃虫子，商代图腾是伏羲女娲。又说鄂伦春族用狗爬犁，彝族搞打宽家，佤族陈列男根，哈尼族叶车人要展示女人大腿，普米族则展示成丁礼。我们听了很吃惊，她对中国民俗文化知之太少了，但在猎奇上却相当有水平。我提出疑问："你用什么手法搞展览？"王某说："我不用一件文物，只用塑像和影视手法，搞一个新型的博物馆。"她这么一说，在场的专家群起而攻之，说什么的都有，"这样的博物馆世界上有没有？""全是猎奇，提黑暗面。"可以说是否定了王某的方案。她受不了了，当场大哭，因为马总说先用的20万就算了，民俗博物馆项目取消。据说工程仅展示就要200万元。同时讨论了歌舞大游行，大家同意搞，但要传统，不能胡编乱造。

4月4日，继续讨论歌舞大游行和博物馆筹建。下午我进城办事，晚上马总请大家吃饭，我同兰克说："民俗博物馆筹建，一定要慎之又慎。"下午邵书记、马总对我说："你精通博物馆设计，请多分担点责任。"我说："没问题，这项工作，不仅是深圳民俗村的事，也是国家的大事，你们办好了，有了表率，大家也会跟着学的。"

4月5日，其他人去沙头角，我同刘岗碰了一下头。10点我坐飞机去白云机场，然后转去昆明，两点抵昆明，因为我要去西双版纳筹建傣族文物展。

我事后草拟了《对筹建民俗博物馆的建议》，内容如下：

锦绣中华、民俗村的先后问世，是深圳旅游业开拓性发展的标志，已在国际上形成了良好的影响，收到了可观的社会效益和经济效益。这是目前国内将旅游与传统文化结合起来的典范。但是香港中旅集团并没有就此止步，他们在吸收国内外经验、经过深思熟虑之后，又决定筹建民俗博物馆，从而使华侨城锦上添花。民俗村可养博物馆，博物馆又指导民俗村，两者互相补充，相得益彰。不过，其意义远不是一般地向旅游者提供观赏的景点，而是在更高的学术角度展示中国传统文化，这对保持和弘扬传统文化，提高民族自尊心和自信心，进行爱国主义教育有重要意义。同时，民俗博物馆如同在中国南大门开设一个传统文化的窗口，展示了中国丰富的旅游资源，必然吸引更多的国际旅游者涌入中国，对繁荣中国旅游业、加强中外文化交流有着不可估量的影响。

为了办好民俗博物馆，我有几点建议：

一、博物馆的规模

民俗博物馆的规模原计划3000平方米，以该馆所处的旅游地位上看似乎过小，我们认为该馆应该是一个相当于省级规模的中型博物馆，陈列面积需要在五六千平方米，此外还应该把文物库房、办公室、科研室、影视厅等计划进去。其中的陈列厅应包括固定和临时展厅，后者可举办各种专题展览，也可吸引全国各地的民俗文化展览。

二、陈列展览的内容

民俗又称民间文化，无疑是包括各民族的，但是不宜按民族陈列，因为各民族民俗文化多少不一，难以平衡，在政策上也容易出毛病，比较稳妥而新颖的做法是按专题陈列，包括生产技艺（农、林、牧、渔、猎、手工业）、民居、饮食、服饰、交通设备、岁时节日、人生礼仪（诞生、成年礼、婚礼、寿礼、葬礼）、语言文字、科学技术、雕刻绘画、工艺美术、音乐舞蹈、宗教信仰等，这些专题必须以文物为主，配合必要的辅助展品（绘画、照片、沙模布、文字），不能喧宾夺主。这是指固定陈列，至于临时性展览，则根据需要和可能而定。

三、尽快征集民俗文物

文物是博物馆的物质基础，是陈列展览的基本手段，也是科学研究的重要资料。因此，必须下大力气搜集。最好事先制定一份全国性的、各民族的民俗文物征集清单，然后按地区派出若干文物组征集民俗文物。按着上述陈列规模，布展时起码应该有两万件文物以备选用。这是比工程建筑还要艰难的工作，每个征集组均应该有一名业务骨干，并且在各省（区）聘请一名民俗文物专家担任兼职顾问，随时指导工作。

四、应该三管齐下

筹备民俗博物馆不仅涉及工程建筑、文物征集、制作设备，还有陈列设计等内容，在短期内顺利完成是不容易的，因此必须分兵几路进行：一路是工程建筑，应提出一项现代化而且具有民族风格的馆舍设计方案；一路是征集文物，包括复制必要的文物，要列出民俗文物征集清单；一路是陈列设计，包括陈列设备的制作等，制订出民俗陈列具体计划。建筑工程可承包出去，但文物征集和展览不能承包，可聘请少数有真才实学的专家按科学程序完成。只有三路兵马积极努力，互相配合才能胜利完成。馆址完成之时也是陈列布展结束之时。

五、可否成立一个学术指导小组

筹建民俗博物馆是一项严肃的科学工作，必须依靠专家，把好学术关。目前民俗村专家较少，除调进一些业务骨干外，可否成立一个由民俗学家、民族学家、博物馆专家、文物专家和美术设计家组成的学术指导小组，以五至七人为宜。该组在民俗博物馆馆长领导之下工作，起智囊团的作用，由其指导民俗博物馆的建筑风格、文物征集范围的确定、审议陈列展览原则和计划，以及建议开展力所能及的重要的学术活动。在布展或陈列施工期间（约一两个月），最好有几名学术指导小组成员亲临现场，处理一些复杂的学术问题。

三十五　三峡民俗调研

　　三峡水库开工前夕，搞了一次考古调查，当时也把民俗文物列入其中，考古调查总负责人是俞伟超，他邀我主持三峡民俗考察，我认为此举极为重要，欣然同意，并邀我馆陈煜同志一起去。

　　1994年10月13日午夜，我们搭火车南行，第二天两点抵达宜昌市。我们先奔赴宜昌市博物馆，该馆赵东菊出面接待。该市的宜昌、秭归二县为淹没区，无土家族，皆为汉族地区。比邻即长阳县、五峰县，为土家族分布区，民族文化丰富，如土地神、吊脚楼、傩戏、鸡媒等。宜昌希望建一个民俗博物馆，民俗文化正在流失，再不抓就晚了。

　　15日邓辉也来，他是恩施土家族博物馆馆长，我们将一道调查三峡民俗。我们出师不利，在渡口停了两小时，下午3点钟才到长阳。我们先参观长阳县博物馆，其中有三组展览：一是考古新发现，如大溪文化玉器、陶网坠、陶支子等。二是青铜器等历史文物。三是民俗文物，有向王庙的香炉，民间用的腰舟——葫芦船。土家族信仰张五爷、崇拜阴阳石，有制陶、造纸和榨油等工艺，恩施还有傩戏。不过长江南北有别，南岸敬梅山派道

35-1　土家族竹磨

35-2 土家族制陶

教，杀白虎；北岸则供张五爷，敬白虎。事后去白石坪参观民居和造纸术。过去民家（土家族）住吊脚楼，现在都改落地房；观看了土家族银饰工艺。下午回到宜昌。

当天下午过西陵峡，既雨又雾。5点抵三斗坪，渡口拥挤不堪，堵车40多辆，渡口也停止摆渡，原来是高官驾到，民众怨声纷起。6点才过江，参观皇帝庙，原为黄牛庙，唐代改皇帝庙，供大禹为神。在江边宿馆住下。

10月17日，上午去黎家湾，看民居，还有抗战时的防空洞，归来又看皇帝庙。下午搭船去秭归，晚8点到达，参观皇陵庙，看秭归纪念馆。该馆长周浩同志领我们去新滩镇看牛龙沟祠堂，四合院式建筑，内部空空，据说原为一个县长的住宅，属于民国初年建筑。其他民居都是落地建筑，由于对着长江，各户多斜开门脸，门楣上挂镜子辟邪，有些门上还挂有艾草，这是五月端午节纪念屈原的遗物。当地有不少民俗文化特点，如四川多集市而此地无集市；四川各地流行肩挑，此地则盛行背篓，包括背新娘；皮影戏发达；有跳丧仪式；有悬棺；等等。在香溪口有水府庙，供水神。当地流行祭神树，每到险滩必建庙，如北溪河有北溪庙、牛溪有王爷庙、青枫口有观音庙，以保佑船工安全，船工的"船工号子"则包括许多民歌。

8点访谢滩乡范承村，村民住所多燕窝，谚语曰："燕子不落丑人家。"认为燕子会带来福气。江边有一巨树，树腹已空，内供一岩石，前立一木碑，书有"昆仑得道仙女之位"。凡求财、求医、求子都来此上供，供有粮、布、酒、鸡之物。有一福建人过此，梦中神曰"赐你一子"，事后得子，因此不远千里也来还愿。该地也供水神，有龙王、黄牛、大禹、水母等，但不供土地神。

今天赵东菊回宜昌。

5点抵巴东县。至23日上午，都在巴东县活动。

该县为土家族居住区。我们参观了李家湾、链子溪。李家湾的城背溪史前文化相当好，民俗文化比较突出，如重老虎，多吞口，流行傩戏和堂戏，道教突出，有上刀山、下火海等道术。水陆画较多，有些为道士收藏，供作法时使用，有些为祠堂悬挂。当地不重土地神，都信仰虎神，具有巴人之风。狩猎比较活跃，捕鱼次之，认为"十日网鱼九日空，网得一条顶九工"。

我们参观了茶店镇，野三关乡，流行小犁大铧农具，适于山地农业，室内有火塘、吊锅子。这里出门就要爬大山，背篓普遍，手持叉杖，休息时可支撑背篓。住宅附近多蜂房。每个村子都榨油，加工菜籽油，包括炒菜籽、牛拉石碾研磨。出楂、压为油饼、上槽、吊杆冲压、出油等工序。走访了陈佗能道士，他保留了法冠、切刀、碾、海螺、铃、罗、传尺、木板、书等法具，还有十几张水陆画，有祖师、马王爷、天桥、地藏、天门、花瓶、龙王、水神、土地、王大师、唐清天等。画工精美，应是清代作品。

访问了牛洞村，在周大英家停留。他已79岁，1929年随贺龙当过兵，属红三军教导二师，"八七"暴动后提出"杀官夺印"，直到1932年才还乡。其家对门有狮子岩，据说对居家不利，所以在门楣挂虎形吞口，写有"白虎之位"，认为虎神能抵挡狮子岩。

最后一天参观巴东县博物馆，实物不少，主要是祖先牌位、吞口、端公法具、五佛冠、水陆画、腰舟、捕猎套索、虎楔子等。当地以鹰为图腾，是谭姓人的信仰。他们说"鹰父谭母"，传说谭姓女祖先外出遇险，鹰把她救出来，她梦中又与鹰交合，生一男一女，子女成年后，安葬母亲和鹰。但人间没有他人，兄妹二人合婚又不行。兄妹商议后，各站一山头，各滚下一石磨，若二石磨合在一起，兄妹就结婚，不合则不能结婚。结果两石磨合在一起，于是兄妹结婚，婚后生八子，均为谭姓后裔，他们不杀鹰，以鹰为图腾。

23日晚到巫山，24日在巫山活动。

　　第二天参观巫山猿人博物馆，又到大溪文化遗址参观，还捡几件石器为念。当地有道公、端公，流行打鼓表演，无跳丧活动。踩堂戏是当地最流行的民间艺术。参观了高堂观，是道教大观，在非淹没区。当地有两处神女庙，一处在江东，一处在青石，后者在1972年重修过，后来烧毁。目前神女庙已经空闲化。在县文管所有一神女像，60厘米高，相当精美。巫山很穷，连工资都发不了，怎么进行文物保护？计划神女庙修复费80万，占地22亩，新馆占地20亩，预资2000万。

　　下午搭船，逆水而上，经过瞿塘峡，途中看见栈道、洞穴、捕鱼和刀耕火种。三峡之险，莫过于瞿塘峡。晚抵奉节。25日至26日在奉节活动。

　　上午文化局长张维和接待，说过去报不少歌舞传统实物，但上下都不关心，难以开展工作，当地流行跳端公，演唱龙湖调，仅端公头饰就有上百种。木雕也比较流行。

　　参观了凤铃乡亚亚戏，类似巫戏。在清水乡参观了油榨工艺，陶缸厂的制陶技术。看了古村落，其中以盘石城为好，距江边才半小时，是新县城的城区。

　　当地的张飞庙最驰名，"八二八"为庙会。目前该庙是国家级文物保护单位，规模大，古建好，石刻甚多，门外有一石刻，上刻有"将军箭"。旁边刻"长命百岁"，显然是后刻的。该庙在淹没区，将于县北另建一座张飞庙，基本为搬迁。

　　万县是我们最后的调查点，我们是26日晚到的，27日至28日在万县活动。

　　万县有盐井遗址，还有石刻、煮盐锅、取卤工具，应该抓一下井盐文化，它应该是三峡一景。

　　该县李良同志陪同我们参观，他说："至今不拨一文钱，没法开展工作。"文化局魏局长说，万县原为一个县，后并入万县城，对民间文化缺乏研究。这里民间文化丰富，而且比较古老，如铁峰地区，老人还穿包头尖头鞋，着对襟衣服，住吊脚楼，流行匀块灶，背篓普及，道公、端公较多。我们过去搞过一个民俗展览，公开一个月，效果很好，后来担心文物丢失，就撤了。

　　参观天成遗址博物馆，该博物馆为天然洞穴，属史前文化。当地想造一座民俗博物馆，大量搜集文物，这是好办法，但资金不足。

　　我们的考察到此结束。邓辉回恩施，我和陈煜回宜昌。28 日下午才搭上船，要 12 个小时才能抵宜昌。

三十六　黎寨践行记

　　海南岛黎族是百越后裔中较古朴的民族，又居住在海岛上，据说有不少原始文化，这是我最感兴趣的，因为它有助于解释史前文化，也有助于认知百越民族文化的特征。我一直想去海南岛调查，但没有机会，后来中国社科院考古研究所申请一个海南岛黎族题目，邀我加入，才得以实现去海南岛黎族调查的愿望。我的调查从1992年开始，到1994年完成，几乎三年都在海南岛过春节。头一年主要是走访黎族五个支系，摸清概况，选择一个调查点；第二年在乐东县排齐村进行蹲点调查；最后一年进行补充调查。

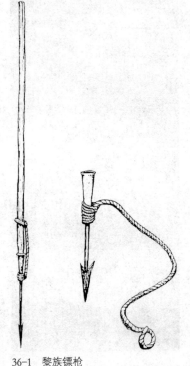

36-1　黎族镖枪

（一）一访黎族

　　1992年1月7日，我们起个大早，赶个晚集，晚11点起飞，第二天凌晨3点才到海口机场，人地两生，在机场待了两个小时才去省博物馆，见到赵培中，后住进辽宁大厦。海口很热，是正在开放的城市，脏乱差，蚊虫多，小姐不少，物价高。上午向李元茂馆长、裘之倬厅长汇报来意，派赵培中同我们下去。在招待所墙上看见一首打油诗，可能是投奔海南而失意的人写的：

> 天地白云一朵朵，
> 漂流千里到海角。
> 花花世界催人落，
> 尝尽苦水知人生。

我们在海口进行了几天准备，见了不少熟人。后赴黎族各支系考察。

伎黎。1月11日至18日去乐东县，参观了志仲村、三合村、排齐村、志培村、保安村，对伎黎的生活、生产和信仰做了调查。在昌化江畔发现不少史前遗址，搜集不少石器、陶片，最后交给了县文化馆。

德透黎。1月19日至21日去加茂，当地为德透黎分布区，但社会文化变化最大，男服已经汉化，车轮改用铁轮，已经利用照妖镜辟邪。在黄惠江家吃晚饭时，看见一位卷发、浓胡男子，令人深思。

1月22日至25日在三亚过春节，黎族善于饮酒，我们只能游玩，参观了田独、雅龙湾、英州、富湾，观看了海上捕鱼，发现黎族还在使用经烧制的陶网坠，与出土陶网坠相似，这是值得研究的。

美孚黎。1月26日至30日去东方县，先后参观了中新村、西方村、报英村，当地民族特点突出，纺织比较普及，过去以为当地流行扎染，实为缬染，是比较特殊的织法。我们在报英村看见成群的姑娘在席子上织布。

1月31日至2月4日去昌江县，看了牙银村婚礼仪式。该县为黎族

36-2　黎族射鱼

多支系居住地。县博物馆藏品较丰富，陈列有铜鼓，这是越人文化的象征，海南又是铜鼓文化最南部的边缘。

本地黎。2月4日至6日去白沙县，参观了牙叉村、牙力村、海旺村、习水村、合口村、老真村、牙济村、浪九村。当地取松油是在松树根部砍一大缺口，松明自然流出，再砍树条为松明，供引火之用。当地爱药比较流行。骨簪制作最精，王启敏在保存、传承其工艺，只是工具落后。我说我送你一套雕刻工具，后来寄给他了。

杞黎。2月7日至13日去通什市，除看海南省民族博物馆外，也访问了民族街，苓小俊说，黎族传说黄道婆为一贬官之妻，丈夫死后，她在黎族中间生活，学会了棉纺技术。我对毛枝大、毛枝小二村进行了调查。

（二）二访黎寨

在前一段工作中，已经走访了五个支系的黎族村寨，掌握了基本社会概况，并且拟以乐东排齐村为蹲点村落。本想在2月中旬结束工作，送走李露露后，又迎来了邵望平，她还想对黎族进行一些调查，我又决定留下来，进行二访黎寨活动。

2月15日我们搭汽车去白沙县，想到松涛水库看看，听说当地有独木舟。路上有三四个妇女正在烤一头野猪，有100多斤。老乡说该猪是被汽车撞死的，当地要先把野猪烧掉毛，刮干净，然后开膛处理。先访芭蕉村，是新建村，以种芭蕉为业。当时已经没有独木舟了。17日去青松乡，除老人穿裙子外，一般人都着汉装了。又看益保村、昆仑村，都是乐东人建的新村落，野外还能看见以稻草人为替身的巫术。青新村书记张运青家梁上挂一棵竹枝，上有二纸人、二纸花，象征他有一男一女，小儿灵魂附在竹子上，安全感强，等小孩18岁才取下纸人。当地有各种树皮用法，除楮树皮能制作树皮布外，其他都较粗糙，只能挡水渠用。

当地有木傩面具，过春节时，必从祠堂把祖先像请回家，用神轿抬回来，初二再送回去。前面有两武士开路，每人都戴面具，作打鬼开路之姿态，两武士还手持长刀。各户都送钱迎神。

我们对建房工艺、制骨簪技术、捕鼠方法做了具体调查。在白沙县九架村看见妇女的手工制陶。她们铺上香蕉叶，把挖来的砂土粉碎、过筛、和泥，取三块陶泥，一块压成圆状为器底，另两块拍成长方形，安在底上为壁，最后合拍在一起，以竹片刮削修制，再用火烧制成器，这是典型的泥片贴筑法。

村内仓库多放龙被，是出殡时盖棺用的，用后收回来，放在户外，谁用谁取，但刺绣较好，后来龙被被炒成黎族的精品，其实许多龙被是汉族加工、传入的。

当地信仰祖先，个别村落信仰图腾。我们在芭蕉村的大榕树下，看见一石砌小庙，内供两大河光石，其上绘白、黑色虎头形人头，村民讲这是老虎祖先，他们认为自己是虎的后人。我拍了照片。

2月22日参加通什民族村开幕式，是该村为适应旅游而建的。后去看毛枝大村、空中村。海南省民族博物馆从毛枝大村搜集一件"石祖"，我看不像，如果说是土地神、祖先神像还行，说它是石祖就差太多了。后去加茂地区转了两天。2月26日返抵海口，再往后，我们转至深圳，邵望平去沙头角，我去刘岚处说些业务工作，她想组织绘一套《中国古代服饰》，200幅，我是请郑婕帮她画的。

（三）三访黎寨

1994年春天，我要去海南补充资料，日本友人武山知道后也想去，正好有一个伴。我们在2月21日飞往海口，不幸武山把一个包袱弄丢了，找了几天也没结果，把她气坏了。2月24日去乐东县，我们选择排齐村为调查点，对该村生产、制陶、衣食住行都做了较多了解。当地的生育制度也有一定特点，如不孕则必服药或请娘母驱鬼。喜欢双胎者，两个婴儿如为同性则可养活，如果一男一女认为是夫妻降生，活到20岁必死一个，所以要杀一个婴儿。怀孕期间，吃草药者不能入孕妇房内。双旋子女为吉福象征，长大能发财。生育后，36天不见外人，门外必挂青叶。三岁小孩要穿耳孔。排齐村佩小耳环，志仲村戴大耳环。13岁以后纹面，象征已经成年。姑娘 15 岁后开始找异性朋友，男子略晚，地点是寮房，它类似走婚，以女子为主。排齐村一座寮房上写有"有时候我爱妈妈"，说明性爱和亲情之爱都是不可缺少的。

"排齐"为白色女人的意思，相传过去排齐村出美女，长得洁白，外边人都来抢姑娘。传说当地有一处泉水，吃了必漂亮，为防止外敌来犯，老人把泉水堵死了，从此姑娘就不白净了。现在大家都想找到泉水，但总找不着。又说该处原住美孚黎，后来侾黎把美孚黎撵跑了，骑牛征战，所向无敌，美孚黎就跑到东方县居住了。

我在排齐村各队各户做了详细的户口调查，了解了家族关系，明确了朋友往来。拜访寮房者多为外村人，由于本村以姑娘为主，外村男子来访是很辛苦的，本村男子也去外村找朋友。符林佛说了自己的心里话，他说："我先后找过 30 多个姑娘，去寮房必敲门，姑娘会问：'你是谁？'要报村名、姓名，熟人容易进去，生人就被关在门外，自己就佯装可怜，说：'站久了，头发昏，脚发抖。'进去也规矩，问可坐吗，可住吗，只有主人接受才能动手动脚，但鸡叫以后必须离开，女人可睡，男人要赶夜路……"

排齐村饮食文化与其他黎寨相似，主食是米粥，有时早晨煮一锅粥，供一天食用。我们在南校村看见葫芦架上吊一个大葫芦，只有一半，我问主人何故，主人说他们吃点就割下一点，其他葫芦仍留在葫芦架上，可保鲜。当地喜欢吃鼠，一般是捉到鼠后，先烧掉毛，刮干净，或整个烤着吃，或开膛后切成块，加盐，炒、煮均可。我们还看见一位男子从村外树上砍下蜂房，然后切开，把蜂卵倒入筐内，可供炒菜、煮粥等用。

该村有一个专业组，除农忙外，专门打鱼，他们在昌化江边搭一个风篱居住，有一次晚上我和武山还跟他们坐船电鱼去了。中央为大船，有蓄电池，引两根电杆，由一人掌握，有鱼来时，渔民拿两电杆插入水中，鱼因触电而昏迷，从而把鱼捞上船来。我们坐在旁边船上观望、拍照，后来风大，浪起，午夜就回村了。

武山住在符爱美的寮房，我住在后院书记家。在寮房住是很不方便的，经常有男友来访或久坐不走，因此令武山很生气。有一天我仍插上门睡大觉，半夜突然有人敲门，我听是武山就把门打开了，她抱一卷被子，对我说："我那房子老鼠搬家，没法睡觉，到你这里躲躲吧！"我愣了，只能说："你就在床上睡吧，我正好要写点东西。"她不干，说："那怎么行。"我只好说："我们都在大床上睡，我头朝西，你头朝东。"于是我们就这样睡了半宿。早晨我问："你睡得好吗？"她说："没睡着，你还打呼噜呢！"后来在福湾，我们同室而眠，我也很坦然，把武山当朋友，没什么想法，只认为在当时条件下，无可奈何而已。

我们虽然把重心放在排齐村，但也以此为中心，去过千家村，去过江边乡老村，走了 20 多里，又去毛枝大村、牙叉村、加茂等地。

黎族已经懂得利用中草药治病，但治法也有些特殊，如排齐村有一位姑娘腿肿了，便采摘一些草药，包扎在腿上，相当于《山海经》中的"服"药，认为这样能疗好浮肿疾病。他们也懂壮阳药，如取鸡毛草若干，晒干后研为粉末，以开水冲服，两小时后就产生寻找异性的冲动。

当地的娘母相当于巫婆。排齐附近的红水村，有一位姑娘认为自己和母亲要上天，精神恍惚，后来从巫、从医，成为著名的娘母。她还说，自己经常在梦中与男人交合，醒来又不见人。实际是一种性幻觉。

3 月 11 日，我们从三亚去田独，经英州去福湾，观看了当地的造船术和海上捕鱼，忙了一个晚上，深深体会到渔民的辛苦。

这次调查于 3 月 13 日结束，后来在海口停了两日，于 3 月 15 日回京。

36-3　黎族"服"药

三十七　毛道河边骨裂

　　我是在海南办民族培训班实习时骨折的。这种班先后办过两次。

　　第一次是在 1995 年年底。

　　1995 年 11 月 21 日，我从北京搭飞机，下午 4 点到海口，住海南计划生育中心，办入住手续时发现身份证丢了，很着急，怎么办？有两个办法，一是请单位开证明，机场派出所盖章；另一种方法是先交两张照片，可通过海口公安局，花 8 元补办临时身份证。我采纳了后一种方法。

　　第二天由陈高卫、陈良陪同，我们乘汽车南下，途中在琼中吃午饭，下午两点抵达通什市，住琼大招待所。下午参观民族博物馆，再次观赏该馆的大量民族文物。晚上同白沙县博物馆王启敏聊天。23 日，由陈高卫讲文物法知识。我准备讲稿，想讲三个具体的文物问题：一是海南文物工作有无优势？在考古、民族上均有优势，空白就是优势，水下考古也大有可为，黎族文物尚属空白，还有瑶族、临高人、回族的文物。这里是中国南大门，是文化通道。二是对过去考古文物工作的评估。三是今后怎么办？第一要大力挽救民族文物；第二要摸清考古系列；第三要民族文化与旅游的结合。

　　24 日上一天课，上午是田野工作，下午是展示与应用，晚上杨歌哈尔夫妇来谈去三亚的事。

　　25 日去三亚市，拜访塔岭村，还有学魁陪同，由村主任唐生接待。唐主任讲，他们唐姓是二三百年前来的，兄弟三人，走海路来的，当时很穷，起初住崖城，开辟了大田洋土地，修了黑石班水库才好些。道公说当时这里大树参天，直径两米左右，后砍伐修建孔庙。

村内居民皆姓唐，他们有一定特点：

一是对牛比较尊重，只能养，不能杀，也不能吃，因此牛越养越多，有几千头。不过可以买卖。老人说："牛是家族人，不能杀。"过去在南山上有牛王庙，至今还保留一个地名"牛庙田"。牛有水牛、黄牛，多踩田、犁地，也挽车。

二是敬神可用鸡、猪，不能用鸭、鹅，认为后两种家禽都帮他们修过水库，像神灵一样，供神神也不要。

三是唐姓人不打脸，这点与黎族不同。

四是同姓不婚，婚礼也有特点。迎新娘以米为地毯，长达 60 米，让新娘踩米而过，而不像黎族是背新娘；衣服穿古装，喝勾手酒；婆婆给新娘喂饭，先后喂三次；筷子为银制的，两根筷子必栓线相连；饭后子女必向老人敬一杯清水，而黎族吃酒不喝水等。

我们去塔岭村看过几户，居民很穷困。

下午去高村，参观黄道婆遗址，已经一片瓦砾，仅有几株香蕉树、椰子树。后去黑石山，参观牛王庙遗址，拍两张照片留念。回崖城，观孔庙，归途看大田洋，万亩平地，相传为唐姓先人所垦。

晚上住唐生家，天色已黑，吃家常饭，但听说又派人去买什么，两个年轻人骑摩托，大概与汽车相撞，出了事，因此一夜难眠，第二天就离开了。

26 日上午又去麻岭村，中饭后去三亚，在杨歌哈尔家休息，谈两个问题：唐氏族源和怎么开发。下午两点搭中巴车回通什市。

27 日上午搭汽车去毛道乡，又去洪运营区，由书记接待。当地居民由抱由迁来，也是侾黎，起初住在毛道农场，后来狩猎，由猎犬引导，才移居洪运村。当地陶土好，抱由人来此制陶。据说通什民族博物馆陈列的石祖即取自洪运土地庙，但不像。

28 日开始实习，头一天在江运村，该村过去为洪运洞，现为杞黎。

访问几位老人，黄老芩 83 岁，邢阿余 60 岁，黄文开 81 岁，重点谈了族源问题。

29 日去毛道乡实习，过去在此考古，发现不少石器，但遗址已被洪水冲垮，我们仅拾到一件石球。又去毛枝小村，参观房子、水库、纺织工艺、葫芦舟。当地小孩拔牙，为求快掉，由父母以线拴住牙，下垂一石块，丢之，牙即掉下，这种方法在黎族地区较普遍。我们同毛道乡文化站站长黄启用谈了文物保护问题。

在洪运村认识了黄老九，今年 85 岁，1947 年 11 月参军，在琼崖纵队 29 团当班长，参加过九所战役，在澄迈、儋州、乐东都打过仗，后来迎接解放军进驻海南。

月底返回北京。

第二次办班是 2001 年初，骨折即发生于此次。

2001 年年初，国家文物局拟定去海南省举办一个文物培训班，请了不少专家前往授课，我也是被邀的专家之一，从而有了第二次去海南讲课，也是我第六次前往此地进行民族田野调查。

2001 年 2 月 28 日早 7 点，富严送我到美术馆，我搭车去机场，飞机 11 点起飞，下午近 3 点到海口。文体厅来迎，住琼苑宾馆。还有点时间，参观附近的五公祠。

3 月 1 日上午参观秀英炮台，又去澄迈双塔寺，地上石雕横七竖八，没人保管。后南下大龙乡，汽车出了毛病，停留两个小时，后去琼海，参观博鳌亚洲论坛成立会址，后住保亭仙霞岭度假村，晚上泡露天温泉。

3 月 2 日上午参观保亭县博物馆，民族文物很多，珍品者极少，中午到通什，学员 28 人都来了，下午 4 点举行开学典礼，晚上看白沙县古遗物，其中两件石打棒，《中国文物地图集》中有介绍，这是当地流行树皮布文化的物证。

3 月 3 日上午开课，由李晓东讲文物法，我继续看白沙县出土遗物，其中有一件石打棒，长 24 厘米，宽 6 厘米，厚 3 厘米，侧面有 4 条阴刻划纹，在昌化尼出土一件石打棒，长 22 厘米，宽 7 厘米，厚 2.8 厘米，侧面有 7 条阴刻划纹。这是石打棒，又称石拍，是捶击树皮布的工具，在广东珠江三角洲、香港等地均有出土。此处得知昌江红峰村流行叠葬，即先人死，以独棺埋之，再有人死，也以独棺埋之其上，或先取原料，然后一起上下安葬。

3 月 4 日，邓启耀讲课，他跑过云南许多地方，更侧重于游记性质。

3 月 5 日，上午赵培中讲课，下午王国权讲课，都是围绕黎族文化进行的。我同邓启耀去毛织小村参观，村落已变样，砖瓦房取代茅草房，原来四处都能看到的黎族传统物件，现在已变成稀罕之物。下午看赵培中，他两腿浮肿，常言说："男怕穿靴，女怕戴帽。"这是很不好的预兆。他手头所存的庄学本照片，已经卖得差不多了，可惜之至。不久赵培中就驾鹤西去了。

3 月 6 日，今天蒋廷瑜讲南方铜鼓文物，海南岛也出土过铜鼓，但黎族未完整继承，好像以蛙锣代之。我又参观民族博物馆，有两件石打棒，当地有过树皮布无疑。又看见一件斜柄石铲，不像良渚文化的破土器，倒像揉皮子的工具。看见黎族制陶工艺，五个支系中，俆黎制陶甚普及，本地黎次之，其他支系不会制陶。

3 月 7 日，今天我讲民族文物概论，晚上讨论配合海南省消灭茅草房的房改计划，如何抢救民族文物。大家同意，表示投资 50 万元，分四次，用三年时间，抢救收藏 5000 件黎族文物，相当于三套，成果是写一份调查报告，征集 5000 件文物，搞一个黎族文物展。推荐黄学魁担任课题负责人。这个宏伟计划，有可能性，但能否实践，天知道。

3 月 8 日，从今天起开始实习。先去南山寺，过去的荒山野岭，今天已变成旅游区，中央为唐代寺院，海中有南海观音，传说古代鉴真曾从此坐船去日本，似乎辉煌过。晚上王恩带队参观鹿回头，在海滩散步，看弹力弓射鱼。

3 月 9 日，上午学员参观天涯海角，我们又进村参观，其中的羊栏回族村令人难忘，他们是宋代从占城来的，人较矮小，长期与海外有联系。过去这里走私很疯狂，现在民富村荣。我们观看了礼拜仪式。下午降雨，能吃到香瓜，但不甜。

3月10日，参观三亚里土乡布袋村制陶工艺。当地制陶是用从山脚挖来的黄土，黏性大，加细砂。陶土必晒干，用杵臼粉碎，过筛，在大陶瓮内和泥，揉成泥团待用。

制陶时，先在地上铺一张芭蕉叶，放一团泥巴在芭蕉叶上压为器底，接着搓若干泥条，压为长方形泥片，堆在器底边缘为器腰，再用水抹平，捏和。以蚌刀、竹片刮削取平。孔眼是以竹竿或木锥穿钻的，器身先成型，后沾水安在陶坯上。烧陶无窑，下架木、草，上落陶坯，丢椰壳、稻草其上，放火烧之，但必以钻木取火焚烧。陶器火候在800摄氏度左右。看来保留了泥条盘筑法，但较原始。

3月11日，今天去仟家乡参观，居民为三星黎，妇女穿对襟上衣，着长裙，看到各户保留的鱼叉、钩镰、牛车、蛙瓮，都是黎族比较典型的文物。当地纺织有一定特点，如织机大，机刀长，经轴和布轴上刻花，织机上多挂铜钱，据说是情人送的，有辟邪作用。织法与其他地方相同，但有较多小提综杆，便于织花。午后回通什市。

3月12日，去毛道河观看用葫芦舟渡河。

过去我在毛道乡做过社会调查，还发现一件石打棒，据学术界研究，应该是加工树皮布的工具。这次去毛道乡实习，主要是请几位年轻人演示以葫芦舟为渡具，横渡毛道河的情形，学员借此了解黎族的游渡方式。

事先省文化厅与毛道乡联系，确定抱葫芦过河等事宜。学员是先到的，在毛道乡河东岸等候。不久发现有几位黎族青年抵达毛道河西岸，每人拿一个带盖的葫芦，先把外衣脱下，塞入葫芦内，然后盖上盖。每人抱一个葫芦，自河上游而下，顺水下游，并且向毛道河东岸游去。由于河水急促，葫芦舟也快速移动，学员都用相机抢拍，我也不例外，学员不断向下游跑，

37-1　葫芦舟

跟着拍摄。我从一河光石迈向另一河光石时，由于石上有水，极光滑，脚未踩实，突然摔倒，正好右大腿根与另一河光石猛碰，这样我一下就瘫倒在水中，再也起不来了。但右腿没有外伤，说明右腿股骨头出问题了，是裂是断还不得而知，我担心影响实习进程，马上说："实习照旧进行，请一个人把我送到汽车上，运往医院检察，大家一定安静。"

当时罗文雄就在我身边，他又体大力不亏，迅速把我抱到路边的轿车上，快速送到通什医院。医院有位护士长，就是我们学习班学员的爱人，所以很快就进行了 X 光照射，定性为"右腿股骨头破裂"。性质确定了，怎么办？当时有两种方案：一种是不做手术，也不吃药，实行保守治疗法，估计三四个月就可以康复；另一种是做手术，在破裂处加一根铆钉，很快就愈合了，大概一个月就可以出院。院方让我做决定。

我当时想，骨伤已成事实，怎么也得休息三四个月，做手术虽康复快，但是伤身体，担心有后遗症，手术又有一定风险，我表示不用做手术，要采取保守治疗法。头一天晚上医生给我一点安眠药吃，以后什么药都没有了。

从 3 月 13 日至 4 月 5 日，我一直在通什医院住着，起初血压偏高，但不发烧，来看望的人很多，只能安心静养。

我受伤后，富严因恐惧飞机，不能来海南关照，有几位朋友想来，又觉得欠妥，所以没有任何人来。但我个人不太在乎。因为在 1974 年拔麦子时，我也骨折过，还是粉碎性骨折，比这次严重得多，也没做手术，仅仅利用牵引方式，让骨头慢慢愈合，因此在北京医院住了一百天才出院，那时夫人、女儿都从清华跑到医院照顾我。回家后又休息半年才上班。由此看来，这次去海南跌伤还是较轻的。

我的病情是逐步好转的，3 月 19 日可以侧卧，3 月 25 日可以翻身，4 月 3 日可以坐起来，医生表示可以出院。4 月 6 日出院，住山庄饭店。4 月 10 日转赴三亚，闷热难耐，第二天由罗文雄送我回京。

三十八　西北选购民族文物

这里所谓西北，主要指青海、新疆两地，我虽然去过多次，但主要是为国家博物馆选购文物，或者是民族文物培训班邀我去讲课。

（一）乌鲁木齐

我先后去过两次乌鲁木齐市，头一次是办新疆民族文物培训班，后一次是选购新疆民族文物。

1999 年 10 月，国家文物局在乌鲁木齐举办新疆民族文物培训班，包括西北五省市的人员。我们在 10 日下午两点搭飞机起飞，6 点多就到乌鲁木齐市了。晚上去看魏雅琴表姐，后返回建国饭店住下。

11 日我讲"民族文物调查和研究"，我的课程，是先讲一般道理，然后下去考试，边看边讲，结合实际，学以致用。

12 日去吐鲁番参观，到达坂城，在这里天山山脉的一座山劈为两段，全为岩石，火焰山是也。也想起王洛宾的歌。

13 日参观交河故城，即车师故城。还有高昌古城、阿斯塔那古墓、柏孜克里克千佛洞，壁画较好。看见了织布、织毯作坊，他们用的立机很适合织造缂丝作品。在这里没看见坎儿井。参观了吐鲁番博物馆。

14 日，坐一天汽车，行程 700 公里，穿过沙漠草地，路过库尔勒、轮台，抵达巴州。库尔勒是一座新兴的工业城市，脏兮兮的，交通也乱，郊外却出产有名的酥梨。

38-1　在新疆

15 日，参观克孜尔千佛洞，中午在此进餐，吴涛爱人在此工作，招待格外到位。

16 日，参观库车郊区农村生活，有织毯工艺、清真寺、农家院落，并且在农家吃中饭，体验生活。

17 日，上午参观一座制陶作坊，维吾尔族流行模制方法，地上摆许多模具，陶窑呈立式，与内地有别。又参观刀厂，我还选购三把小刀。

18 日，又搭车去库尔勒，这里是塔里木盆地第一大城市，巴音郭楞草原中心，是巴州首府所在地。晚 6 点回到乌鲁木齐。

19 日，学员们写论文，我去新疆博物馆参观，又去考古所参观。其中陈列的打纬刀，与飞去来器相似。中午张涛请吃饭，雅琴姐也参加。上街购一件皮夹克，640 元，下午批作业，其中优 12 人，良 12 人，及格二人。又看了穆舜英，我们是同学，她是我的入党介绍人。

20 日，高仲来访，谈了别后之情况。

21 日返回北京。

后来又去乌鲁木齐，主要是选购民族文物。实际去两次，头一次是2007 年 8 月 9 日，9 点飞机起飞，下午 1 点抵乌鲁木齐，住兰福德酒店，下午去看古城马继林开办的一个展览，其中有衣服、印花布雕版、车、炼银坩埚、灯等展品，在农家吃饭，岳峰也来，蚊虫猖狂。此地比北京晚两个小时，上午9点半上班，下午8点下班。

8月10日，上午去博古轩博物馆，昨天看的是马继林郊外展厅，今天看的是城内博物馆。城内博物馆占地1300平方米，年租金20万。马继林说有文物14万件。据说古代丝绸1000件，汉简3000件，维吾尔铜器1300件，火花10万件，维吾尔族文书几千件，印花布雕版3000件。我认为雕版、铜器、文书都可以选购。事后参观古玩城，购一版雕版，50元。晚上同张平聊天。

11日10点起飞，回北京。此行主要是鉴定文物，可选购800多件。

2008年4月8日，吕馆长召开会议，讨论新疆文物征集与否，大家都同意征集。后来又去一次乌鲁木齐，具体清点文物，基本有三大类：一类清真寺铜器，约700件；一类是维吾尔族老文书，有三四千件；印花布雕版4000多件，还有其他，总共9000件，花1600万元。基本把马继林的博古轩博物馆文物买空了。其间还拿来一箱子古代丝绸，看了一下，不错，与青海古代丝绸不同，有一定特色，较简单，只是看而不购而已。

（二）西宁

我去过西宁三次：一次是1985年参展，柳湾考古工地考古参观；一次是1990年中国民俗学会在西宁开会；一次是2008年去西宁选购民族文物，对于后一次有翔实记录。

2008年10月30日上午乘飞机西去，下午两点抵西宁，陈煜与我同行，他是中央民大毕业，又研究元代，想抓一下藏族文物。如果说去新疆主要收购伊斯兰诸民族文物，这次去青海则主要是收购藏族文物。我们先见了杨铁军和岳峰，在杨铁军文物店看见不少民族文物，约1600件，每件10000元，共1600万元。

11月1日这天选择文物，岳峰主张多多益善，我则认为以研究和陈列需要为准。其中有一件北魏石雕佛，甚好，其他均为藏族民俗文物。晚上，岳峰拿来 60 方古印，还有一件"五星出东方"织锦，后者多损坏，不如公开发表的好。马富贵来，拿一部《古兰经》，30 册，为民国时期印刷品。

11 月 2 日，继续选择民族文物，比较好的是铁板唐卡、供桌、寺院摆件，这些足够搞两个展览。晚上小解来，但没见到。

11 月 3 日，继续选择藏族文物，今天拿来四五箱塔式察察，外为矮塔状，打开以后有两件东西：一是泥版，圆饼状，其上有藏文；一是一卷桦皮纸，其上写有藏文，基本为佛教吉祥语。这是高僧死后，火化为灰，以骨灰和泥，塑造为泥塔，起求吉避邪的作用。四五箱子太多了，我们仅购一箱，也有 60 个泥塔，应该为元代遗物，从塔基挖出来的。下午我去第三医院，参观张建青筹建的医史博物馆，有三四个展厅，包括中医、西医、藏医等部分，有不少东西，其中有一部文图并茂的藏族医书。但展品多为新式的，如医药唐卡有几十幅，皆为新绘的，质地较差。该展览面积过宽，样样有，但不深、不专，更缺乏文物。

又看青海省博物馆，有两个展览，一是佛像，一为唐卡，都很一般，据说没钱购文物，所以远不及民间收藏。

小马来，谈文物市场状况。

同朱珠、马敏讨论此次所选文物之事，总计选用 800 件，杨铁军要 1000 万，朱珠拟给 500 万。待吕馆长来定夺。

11 月 4 日上午参观旧货市场，楼很大，店铺多，是文物交易场所，但冷冷清清，客人不多。个别店主说："这老汉我见过！"我看上不少东西，选三件东西：一是掐丝鎏金碗，一是捻印女上衣，一是粟特人帽子，都为青海都兰的东西，较便宜，共花 4000 元。

下午吕馆长来西宁。

晚上向吕馆长汇报，认为东西可以，基本为藏族民俗文物，是馆里较缺的，共选择 800 件文物，可购下，回家搞一两个展览不成问题。但缺精品，如唐卡中缺乏医药唐卡，没有青海特有的堆绣，也不见织锦唐卡，另外佛像也很一般。

我只管文物真实性，不管价格。后者完全由吕馆长做主。据说选购的

38-2 在克孜尔石窟

800 件藏族文物，共花了 800 万元，杨铁军不干，又追加 20 万。此次文物收购，是岳峰牵的线，他和杨铁军是故交，因为杨铁军原来在青海文物商店工作，岳峰也是新疆文物商店经理。目前杨铁军已下海，岳峰成了无职经纪人，自然合伙做生意。又听说杨铁军给岳峰 20 万，岳不同意，按行业规矩，10%，应该是 80 万，这自然发生了矛盾。后来岳峰又成为中国国家博物馆文物鉴定中心主任，有一定影响。

11 月 5 日，坐飞机返回北京。

三十九　日韩学术交流

2000 年第四季度，我应日本庆应私立大学地域研究中心邀请，去日本讲学，结束后又顺道去了韩国。

（一）日本讲学

庆应大学地域研究中心负责人是铃木正崇，具体联系人是百田弥荣子，她是研究中国神话和民间文学的专家，又是《中国少数民族婚姻家庭》的译者，对中国传统文化很了解。从 1998 年 3 月 6 日起，先后通过八封信，商谈赴日日程、讲课题目等事宜。

10 月 27 日早去机场，9 点起飞，下午 1 点半抵成田机场，办手续难，约两个小时。铃木和百田来迎。坐地铁、轻轨而抵达庆应大学，住接待处，谈了一下议程，后上街吃饭，归宿舍已 8 点钟，晚上武山喜代美拿鲜花来看我，她骨瘦如柴，说硬撑过来，又说明天下午再来看我。

10 月 28 日，铃木担心我没生活费，先给 3 万讲课费，以后再给 5 万。上午同百田研究演讲稿，然后从庆应大学正门入，参观图书馆。下午仍研究演讲稿。下午 5 点武山来，一同去新宿她舅舅家，她买些点心给外婆上供。她舅舅叫木青正莪，一家六口人，原住北海道，后来东京，房子很大，木青兄弟三人，老大死于哈尔滨，老三办公司，常去中国，主人为老二。主人很热情，请吃饭，又送我一对虾夷人木雕，我颇喜欢。主人又拿出一部经书，书有"文明六年"（1474）、"天应七年"字样，应为明代古书。

39-1　与日本学者在一起

我们先打车至新宿，又由西泉开车送至庆应大学，司机已经用电脑寻路。

10月29日上午在庆应大学一楼311召开"亚洲沿海女神研讨会"。先由日本野村发言，接着应该由福建叶明生讲妈祖，但他来不了，我代之，讲"中国民间女神"。放了幻灯片，翻译生疏，下午由韩国学者讲济州岛潜女或海女信仰，又有人讲冲绳的民俗文化。

中午武山又来，下午方去。

下午会议是讨论，发言者都移坐主席台，与众人对话，会场活跃。

晚上同武山、申明淑谈机票事。

10月30日上午去庆应大学，想走西门，多走一条小巷，又从正门入。同铃木、百田进午餐。下午开会，伊藤清司来了，谈了马倡仪的《山海经》研究。我主讲"凉山彝族的驱鬼仪式"，然后提问题，我答之。晚饭有六人，铃木、百田、武山、曾士林等。我同武山回住处，给申明淑发传真，告之航班次数。铃木又给一笔钱，共12万。今天讲课后参观了东京国立博物馆、明治神宫、能乐堂。这些活动由刘向红陪同。

10月31日，刘向红来接，她是马来西亚华人，学社会学，我们先参观东京国立博物馆，在上野公园内看了两个展览：一是中国国宝展，是中国最好的文物，其中有不少是中国历史博物馆的，在国外看了很亲切；一是日本历史、民俗展，展厅很大，文物较少。有耳机说明。

上野公园有不少无家可归者，也有一些乞丐，但并不穷。

中午在外吃饭。参观明治皇后神宫，有祭典活动。又参观"翁舞"表演，实为民间艺术，由东京文化财举办，是一种非物质文化遗产。所谓"翁舞"，所在地为能乐堂。专门在晚上活动。又参观几个书店，书很多，又贵又重，我只能看看而已。日本社会先进，高科技流行，但人都很忙，像蚂蚁搬家，没有休息的时间。

11月1日，昨夜降雨，台湾机场出事，几十人丧生，上午去千叶县参观"国立"历史民俗博物馆，简称"历博"。馆舍庞大，花园式，文物按朝代布展，展览不讲政治，侧重民俗文化；形式多种多样，电脑配合较多，说明书任意取拿，没有图书、礼品店。又参观民俗部，比嘉政夫是研究冲绳的，朝纲是研究冶金的，都有专著送我。后来返回庆应大学，申明淑要我改票，铃木、武山认为不可能，只能回绝。

11月2日，原计划去日光寺，因雨未去，10点半参观皇宫，有二道护城河，庄重，又参观出光美术馆。瓷器较多。常言说："家有万贯，不如钧瓷一片。"今天看见了完好的钧瓷。又去看了渡口，坐游艇，看浅草寺。下午5点铃木来，谈些业务。

11月3日，几天都赶上雨，参观不少东西。东京已饱和，一旦发生地震怎么办？日本民族善于从东西方学习有益文化，最后壮大自己。决不保守，做事精益求精，从其工艺建筑、文化上可看得出来。百田来电话道别。11点武山来，送我到成田机场，我与武山拥抱而别。赴韩飞机下午3点50起飞，6点20抵汉城（2005年改称为首尔），我的学生洪喜来接，到宾馆有申明淑在，后送他俩回大厦。

（二）韩国游

11月4日，汉城很大，宛如一低洼盆地，四边高，中间低，汉江从此流过。全市都用韩文，不用汉字，与日本不同，反映两个民族不同，一个保守，一个开放。10点朴成桂、成南善和周均美来接待。

先看景福官，现改为国立民俗博物馆，有三个展厅：一是历史，比较简单；二是生产和物质生活；三为人生礼仪、交通和宗教。有不少文物，其中有些来自中国，如《升官图》，但复原陈列时放大了。日韩重视民俗，有博物馆，认为民俗文化为民族之根，是土壤，中国则比较忽视。

中午去珊瑚饭店吃饭，米饭为主食，菜很多，辣味浓。

39-2　在韩国学生家做客

饭后逛街，看市容，参观文化市场，类似北京琉璃厂，多工艺品，民俗文物也不少，其中中国的石佛像、唐卡突出，一张清代唐卡才一万韩元，便宜。

下午看中央博物馆，在庆昌宫，该建筑始于日据时代，1993年正式开放。分三层：一层为文化专题，如瓷器、书画；二层为历史专题，分史前展厅、三国展厅、统一的新罗展厅等。地下室为一层，有佛教艺术、金属工艺、绘画等。感觉分类有点乱。

晚上去南山，能看见汉城全景。

在街上吃饭，砂锅鸡，小菜多，三人共花2.1万元，合人民币150元，此地菜贵，水果贵，西瓜贵。一位外籍教授，月薪2000万元，合人民币1.4万元，当地人不敢吃西瓜。

11月5日，上午洪喜来，共去南山看巫堂表演，巫堂实为巫，看几位女巫表演，长得白胖白胖的，工资比教授还高。但表演已艺术化，有神灵附体，受佛、道影响明显，仍保留女性地位，占卜以小旗示之。下午回大厦，晚上去洪喜家，体验家庭环境。

11月6日先去申明淑家坐一会，后去"三八线"附近一个温泉洗浴，好大的浴池，很现代化，洗得痛快。又同申明淑逛旧货市场，有农具、家具、灯具，皆为民俗文物。途中去菜市场，东西很贵，到申明淑家包饺子，后来洪喜也来吃了。晚上洪喜妻子购三件衣服送我。

11月7日上午参观大真大学，中午由权湖请吃饭，喝蘑菇汤，又送些小礼物。下午为中国系同学讲"摩梭人的母系家庭"，课后提问，我解答，学术氛围极活跃，据说是举办21次讲座最好的一次。晚上大真大学教师请吃烧烤，形式与在延边吃饭一样，难怪都是同一民族。最后去周均美住处看看，她是周谷城的孙女，中国社会科院历史所来的访问学者，要住一年之久。

11月8日，上午休息，准备下午上课。10点钟出发，后改坐申明淑的车，到汉阳分校拜访赵兴胤所长，我主讲"中国史前考古发现的萨满教遗迹"，放不少幻灯片，反响强烈。事后又共餐。后返回宿舍，申明淑又送一些礼物。

11月9日整理东西，足有两大包。千里不捎书，现在压力不小。同洪喜谈明年业务计划，争取出一本萨满图说，办一个萨满展览，最好开一个国际萨满学术研讨会。

9点20到申明淑家，喝茶、吃水果。洪喜今天有课，就不上机场了，申明淑开车送行。从中部山区出发，向西部行进不久到了汉江平原。到机场已11点半。所办手续：交机场费900元；托运行李；填出境证明；过关、安检；出境。一切顺利。到此申明淑该回家了。

我在机场逛免税商店，货物不少，但须美元交易，我就觉得没必要了。我们在1985年出国，当时国内物资短缺，去外国必购些东西，如手表、相机；现在国内东西多了，外国有的，国内也有，所以已经对采购不感兴趣了。

飞机下午1点5分起飞，两点半抵达北京。

四十　必要的撰写工作

　　我本应在 1996 年春退休，但我的身份证写的是 1935 年生，整整提早了一年，当时馆里的行政领导让我提前一年退休。这非我所愿，为此找了党委书记吴岱丰，让他查一下我的档案，材料都说明我生于 1936 年，核对的结果是我说的对，因此一年后才退休。

宋兆麟　著

最后的捕猎者

山东画报出版社

40-1　《最后的捕猎者》书影

　　有些单位的领导退休，颇有失落之意。是呀，在领导岗位上，好不风光，有轿车坐，有大房子住，吃饭有人请，爱长将军肚，还有多种名目出国。一旦退休，特权尽失，失落之心萌生，自然不舒服，甚至百病发生。我的退休比较平静，我是搞研究的，到了退休年龄，只是换了一个工作环境。原来在办公室，退休后在家，只是把书籍和资料搬回家了事。研究可以继续，而且更自由，时间更宽裕。

　　在新的工作条件下，我认

为自己应该整理和撰写点东西了。

一是整理出版《边地民族考察记》丛书。

我从年轻时起，就参加民族社会调查，几十年未断，我所涉及的民族，并不比专门从事民族研究者所研究的民族少。因为都是半个世纪前的事，能看到原生态的东西，后来故地重游，发现社会已经变了模样，传统民族文化现存不多，但还保留在我的调查笔记、照片和记忆中。要想看到当时的民族社会状况，本来就不多，后来人恐怕看不见了，这一点促

40-2　《走婚：女儿国亲历记》书影

使我要把当时的调查记录下来，尽管已时过境迁，但我要把当时的"境"记录下来。我先后出版了《最后的捕猎者》、《走婚——女儿国亲历记》、《金沙江奇俗——共妻制和共夫制》、《泸沽湖畔的普米人》等。后来学苑出版社找我谈："零打碎敲还不够分量，可否出一套丛书？"我说："可以试试。"经过努力，我把过去在鄂伦春族、傣族、纳西族、普米族、彝族、苗族、侗族、畲族、黎族等地的调查纪实梳理出来，共十本草稿，编成《边地民族考察记》丛书，预计能印四大卷。该丛书除大量文字外，还附有数以千计的照片、插图。我认为理论的著作，多受一时政策影响，往往是短命的，只有那些载有大量史料的著作，才具有长久的生命力。

二是写一部回忆录。

我本来是一个农村的孩子，种过地，放过牛，几乎没读过小学，后来

中国考古文物通论丛书

民族文物通论

宋兆麟 著

紫禁城出版社
2000.11 北京

40-3 《民族文物通论》书影

随着时代变迁，有了读书机会，上了中学，读了大学，掌握了一些专业技能。工作以后，又同广大少数民族有密切往来，进行过不少探险式的民族调查，经历了许多生动的事。年龄大了以后，不下田野调查了，但感到学习还有可深入的地方，如旧货市场、收藏领域、博物馆，这中间也经历过不少有趣的事，于是开始把自己从童年到年老的经历写下来。起初写得有些拘束，基本是个人的大事记，后来吸收了中国传媒大学刘红梅博士的建议，把自己摆在自己所从事的工作中，又把身边发生的各种事项纳入记录。这样的回忆就不单是个人历史的描述，而是作为一种文化出现，更有可读性，回忆录也饱满多了。在这一观念下，我敢大胆写了，手脚也放开了，总共写了一百多章节，长达七八十万言，还配备了大量的照片。这就是《民族考古之路》一书的由来。

三是写一部收藏纪实。

我对收藏有很大兴趣，收藏的对象一是民俗文物，发现好的就搜集起来，然后捐给有关单位，如六必居、同仁堂、北京商业干部学院；二是民族文物，也转赠给有关博物馆，如长春萨满博物馆、民族大学文字博物馆、海南省博物馆、泸沽湖摩梭文化博物馆等，对以上诸种，我没有留下文字。对古代文物，如佛像、唐卡、金银器，我也不想写东西，但有一种令我非动笔不可意愿。

　　2010 年，我有一位朋友到杭州工作，帮助当地筹建"中国音乐博物馆"，他从杭州打电话来，说："请帮助搜集一下考古发现的音乐史料。"我说："我不懂，让我试试看。"

　　古代乐器搜集比较难，专业性太强，懂专业的学者，不大介入古玩市场、收藏领域，多在博物馆进行研究。非专业者，又丈二和尚摸不着头脑，我基本属于后者。于是读了不少相关书籍、图册，又多次去旧货市场转悠，结果发现，一般乐器是好搜集的，如史前的陶埙、商周的骨笛、清代的琴、三弦等，要找到其他古代乐器就难了。后来我咨询了各地倒腾古董的人，问："贩卖什么古董的都有，为什么不见古代的琴、瑟呀？"他们异口同声地说："盗墓的人盯着金银器不放，谁把琴当回事？乐器都是木制的，一般都腐朽了，盗墓人都把这些木制品烧火了，不值钱，所以没有贩卖的。"我一听就明白了，中国为礼仪之邦，古代肯定有大量乐器，在实行厚葬时也会随葬乐器，理应出土不少，只是盗墓人无知，把古代木制的乐器当木材烧了。

　　对上述情况，怎么突破呢？相当难。除了考古工作者正式发掘出土的乐器以外，还有大量盗墓出土的乐器，这些或被烧毁，或者丢弃于民间，怎么抢救这些珍贵的文物呢？绝不能流失于海外。据说山东汉墓出土的一件瑟，1.6 米长，在济州岛被拍卖了 1800 万元。国内却没有展示过汉瑟，我国是否应该采取一定措施，把它留在国内，展示给观众？

　　我有一次同西北一位文物贩子说："如果找到什么乐器，给我留一件看看。"大概一个多月，他真找到了一件古琴，相当标准，琴正面弦已断毁，有十三徽，多处有龟裂纹，已黑化。后面倒是齐全，有长形音孔，上为阴刻琴名"知音"，音孔外两侧有二句诗"泠泠七弦上，静听松风寒"。细看孔音内也有同样的诗文。孔吹下为阴刻一方章，内有"刘长卿"三字。该琴已脱水，极轻。经专家鉴定此为唐琴，还是著名诗人刘长卿的琴。我以为物主会要不少钱，他却说："没花几个钱，就送给你吧！"

　　这件对我触动较大，也增强了寻找古代乐器的积极性，通过不少人帮忙，先后找到不少古代乐器，如汉代的琴、瑟、箜篌、筑、阮咸等，北朝时期的木琴、忽雷，唐代古琴，辽代的筝、唢呐、琴，等等，还有不同时期的歌舞俑。以上资料不下一两百件，几乎包括了中国古代各个时期的代表性音乐、舞蹈实物。老实说，我对音乐是门外汉，但是接触多了，有关书也读了，对其中不少乐器发生兴趣，还写了一些小文章，最后干脆集成了一本书《古乐撷英 —— 我所收藏的乐器》，该书的特点，文字不多，仅有 10 万字左右，但有 200 多幅插图，基本都是未发表的第一手资料，对研究中国乐器史有重要帮助。

类似的专题实物我也收集不少，如古代球类、冰雪文化、印刷技术、唐卡艺术等，均属于研究性收藏，一旦完成研究、写作，就把它们捐给有关博物馆了。这也需要我做一些文字工作。

四十一　参与非遗保护

非遗保护工作从一开始，我就参加了。当时具体领导者是中国艺术研究院副院长刘茜，全称为"中国民间文化遗产抢救工程"，做了大量具体工作，如编辑《民族民间调查手册》，评议非物质文化名录，选择非物质文化传承人、非物质文化保护区，举办非物质文化展览，我还随刘茜去贵州考察过当地的非物质文化。上述名称应该说有一定中国特色，还没有大的毛病。但后来改为"中国非物质文化抢救工程"，大家都不理解，我问过某主管领导："非物质文化提法好吗？"答曰："这种说法比较新鲜，又好要钱。"一言道破了天机。

外国叫"文化财产"或者"历史文化遗产"，把物质文化与非物质文化统一加以保护，唯有中国把物质文化和非物质文化割裂开来，由两个文化部门管理，这在人力、物力和财力上造成极大浪费，可是没辙，它的产生有一定背景。本来，中国历史文化遗产极为丰富，由文物局管理，这是顺理成章的，但文物局总强调保护时限在清代乾隆以前，后来虽然有所后延，对近现代民俗文物和非物质文化却仍比较忽视，除非革命文物和民族文物，尽管如此，民族文物保存得也不多。后来对近现代文化开始注意，不过，由于利益攸关，又分为两摊：文物局管近现代文物，文化部管近现代非物质文化。好端端的一个完整近现代文化，却分开保护，实际是有私心，倒把近现代文物冷落了，事实上还没人认真抓。我想，将来肯定会把两者统一起来，那时若成立一个"历史遗产文化部"，一切都顺理成章了。

41-1　与冯骥才等谈非遗保护

　　在最初五六年，我参加了非物质文化保护工作，当时这项工作的总负
责人是周和平，他是有魄力的，工作也抓得紧。2007 年 6 月 6 日，文化部、
人事部印发的（国人部发〔2007〕82 号）文件中，表彰"全国非物质文化
遗产保护先进工作者"的决定，共 35 人，其中有我，并给予一定的名誉，
规定受表扬者"享受省部级劳动模范和先进工作者待遇"。由于我早已经享
受国务院特殊津贴，所以此次表彰仅仅是一种名誉而已。尽管如此，某领
导想把我的名字删掉，可惜别人不同意，只好作罢。

　　应该说，起初我对非物质文化保护是积极的，也做了不少工作，但是
我没私利可言，爱讲真话，引起某些领导的反感，不妨举例说明。

　　一是说真话招人烦。

　　平常讨论不说，有两个例子可说明问题，有的领导提出非物质文化保
护区，只搞四个地方：闽南、湘西、徽州和湟南地区，我认为这么大的文
化保护区不可能实现，搞文化保护区应小点，以村或乡为单位较妥。这引
起某些领导不满，违反了人家的愿望。还有一次，某位领导在中国艺术研
究院商量出版计划，还印发了一个讨论文件，但是全国非遗中心领导一个
电话，马上就收回了计划文件，该会议不了了之。我爱发牢骚："非遗出版

计划，是听文化部的，还是听艺研院的？"这也引起了非遗中心的不满。

二是官员主事。

非遗保护本由文化部领导，但文化部管不了那么多，许多工作都交给艺研院抓。而艺研院又挂了一个牌子——中国非物质文化遗产保护中心。中心四处活动，地方官员也以为各地非遗保护皆由中心管理，倒把文化部忘了。其实最可怕的是，在评定非遗名录、传承人问题上，除通过专家讨论外，还开了走后门的口子。如广东凉茶，专家们没有讨论过，竟正式公布了。又如北京上了牛栏山白酒，红星受不了，拿着红包、拉着红星白酒到文化部、全国非遗中心，不久就在第二批全国非遗名录中出现了，专家们却不知为什么。在第二次评选名录时，九部委共同商议，其中商业部一位副部长，要求再增加二十项非遗名额，文化部费很大劲给上了十二项，该副部长还不干，不上二十项他就不签字，最后二十项全上了。对上述行为，我是反对的，认为不能开后门，否则就乱套了。

三是敛财之风欲刹不能。

当时腐败现象很严重，在非遗保护中也相当严重，非遗保护中心的领导，不仅下去摆架子，连老师都要靠边坐，有的还公开要钱，数目还不小呢！山东龙口粉丝公司欲上国家非物质文化名录，结果狮子大开口，要人家200万，据说前者是正派人，坚决不上钩，无奈龙口粉丝项目与非遗保护无缘。也就是说，交200万就能上全国非遗名录，不交200万就没戏，非遗名录的标准何在？钱！我两次建议文化部派出人员下去督察，广东文化厅某负责人告之，某领导跟他们就粤剧项目要了100多万。这些事影响极坏，腐败之风达到顶点。另外，又向景德镇陶瓷公司要500万，人家给了，作为宣传费支出，等等。我是一个直人，在文化部汇报会上，全盘说出所见所闻。我说的仅是冰山一角，按文化部非遗司一位领导说："地方有意见，告状就像雪片一样多！"又是谁压下了这些信件？

非遗保护中的污泥浊水还不限于此，中心有的人收礼也不少，如名酒、名烟、名茶，成箱堆在办公室，还进行倒卖。

我起初是积极参加非物质文化保护的，开了许多会，也出过差，如去广东、山东、贵州、重庆，也去广东、湖北检查过工作。记得在重庆梁平参观年画时，发现年画艺术已经快消失了，有些珍贵年画正在慢慢烂掉。回来建议文化部拨款保护，听说拨了40万，出版一本画册，还做了不少保护工作。

我是作为专家参加非遗保护工作的，后来非遗司来了一个新司长，身体不好，不能正常上班。司长来后工作之风大改，几年不开一次专家会议，相当于无声地宣布废除专家委员会。既然专家委员会名存实亡，我们也就退出了非遗保护工作。

但非遗保护工作并没停止。事实上，从事非遗保护的不限于非遗司一家，如中华文化促进会就找我参加传统文化保护，开过会，还去澳门进行文化交流；中国文联民研会，专门致力于节日文化保护，为此我还去西安两次，又去广东梅县考察过古村落保护；又如文化部民族文化发展中心，编了近200卷《中国节日志》，拍了相关的电视纪录片。我们认为这些单位不是官方的，能够减少官僚主义的污染，能做些实际保护工作，它也代表了非遗保护的正确方向。

四十二　整体保护古村落

在我的治学生涯中，总与村落打交道，出出进进，习以为常。但现在社会在转型，村落也在慢慢退出历史舞台，尤其是古老的村落，命运堪忧。2012年3月中旬，中国民间文艺研究会邀我去广东梅县考察古村落，我应允参加。

（一）梅县考察

2012年3月17日，我们下午3点半坐飞机南下，没有云雾，晴空万里，晚上7点多抵达汕头。后坐汽车行一小时，抵达梅县，天色已黑，住在金汇富源大酒店。

3月18日参观侨乡客家村，几十处房子很好，但多人去房空，建筑还在，里边的文化已经没有了。下午开座谈会，我说不错，内地没有，但量太大，非地方之力能保护，一定要申报，以国家之力保护为好。晚上吴永章和其夫人来访，他是我北大校友，研究南方民族史的大家。

3月19日早晨读村落资料，因编者没有客家文化专家，多有漏处。吃早茶后，去茶园村，这是新开发的旅游村，住在雁南飞围龙酒店。今天杨宏海来，在村落内活动。

3月20日先看客家博物馆，硬件可以，但文物缺乏，世界上有客家人1.2亿，国内有5000万，怎么搞不好自己的博物馆？一定要扩大文化内容。又看叶剑英纪念馆，故居加文物，还不错，参观人也较多。又去长教村，参观二家龙屋，已经是省级文物保护单位，每年给两万元维修，房子空空，墙上挂六牌木匾，文字都刮掉了，此乃"文革"所致。这些保护有什么用，应开发利用。梅县电话采访，我一一答之。下午座谈，晚上散步，初识海南省作家蔡苞，为人不错，后来多有交往。

3月21日上午开会，有三件事：一是领导讲话，二是古村落保护人讲话，三给古村落发牌。这样的村落广东不下300处，都挂牌？听说广东还启动"寻找十大美村"仪式。最好少忽悠，多干实事，在保护上下功夫。中饭后，坐车3小时，抵达澄海，参观一处动漫公司，表演活动不少。晚上在区里吃饭时，遇见一位地方文物基金会的人，她说三星堆文化是外星人带来的，又展示她的画作，没想到广东还有这种奇人。晚饭后，本来没事了，一位负责人让我去海边看一重要文物，原来在大厅摆一件从海里捞出来的朽木根，很大，但连一双筷子都做不了，木已无水、无脂，应是自然产物，主人则认为是无价之宝，可见地方收藏，什么都有。

3月22日，参观前美村，该族祠堂较佳，个别家还有族谱，但主人多移居海外，村边有一商场，旧货不少，如文书、月饼模子，假货也充斥其间。

我对该村落提三点建议：一、村落规模大，房子好，有些是石雕的，应快快开发，最好把保护与开发结合起来。二、可否成立一个村落开发保护委员会，进行科学规划，分期展开。赚钱后要经常维护，把前美村办成潮汕文化的民俗中心。三、商店可搞，但须防止假货泛滥。

（二）整体性保护古村落

1. 我所见到的古村落破坏

我是学考古的，为了研究的需要，在20世纪五六十年代曾做过许多社会调查，接触不少古村落，可惜今天它们已经名存实亡，试举例说明。

鄂伦春族的狩猎点。1961年我去内蒙古大兴安岭鄂伦春族地区考察，该族以狩猎为生，不事农业，食肉衣皮，住在兽皮围成的帐篷内。由于依野兽移动规律，人们也居无定所，只有在狩猎季节才形成有若干帐篷组成的狩猎居住点。1991年我再访该地，鄂伦春族已改狩猎为农耕，以粮食为主食，住上砖瓦房，跟汉族一样了。

傣族的竹楼。1962年我在云南西双版纳考察了一年，走遍了傣族村寨，对傣族竹楼及其有关文化进行了调查，搜集了一万件傣族文物。30年过后，我又去西双版纳采访，结果傣族传统文化已经大改，竹楼没有了，傣族村寨也变了模样。

摩梭人母系木楞房。1963年我去川滇泸沽湖地区调查，当地流行走婚，母系家庭住在一个庞大的木楞房四合院，这是母系家庭的缩影。当时我搜集了3000件文物，用40匹骡子驮出来。几十年后再访泸沽湖，木楞房、母系村落已经是罕见之物。

以上例证说明，民族地区的古村落经过几十年沧桑变化，或者变了模样，或者荡然无存。因此，今天强调古村落保护是必要的，必须做抢救性工作。

2. 政策性毁坏最可怕

中国古村落遭遇破坏，有以下几个原因。

古村落是一种动态的文化，它不会停留在一个时间点上，总是在发展变化之中，古今中外，无不如此，这是不以人的意志为转移的。有人幻想古村落要原汁原味，保留原生态，这是不可能的。此条应该是中国古村落变迁的原因之一。

中国社会转型对古村落冲击极大。过去中国长期处于农耕社会，古村落变化较小，处于稳定之中。但是近百年来，尤其是半个世纪以来，中国社会开始工业化、信息化，电力的应用、交通的发展、建材的更替、人口的变迁，都从根本上动摇了古村落的基础，这是中国古村落发生巨变的又一原因。

某些地方推行了一些不高明的政策，进一步毁灭了古村落。试举两例：一曰"消灭茅草房"，这种做法在海南省极流行。当地黎族住在船型屋（茅草房）内，其中保留许多黎族传统文化，但当地官员认为黎族住茅草房太落后，就盖一批砖瓦房，硬让他们拆毁茅草房，搬到砖瓦房里住。结果大量黎族传统文化被摧毁，我们曾看到过珍贵的腰舟成了废墟上的垃圾。

一曰"并村活动"。这种情况在广大汉族农村很流行，即把大批旧村落毁掉，搬到新建的大村镇去，美其名曰"农村城市化"，结果群众不满，破坏了传统文化，因此村落遭到灭顶之灾。其实，在推行某些可能有害民族文物的政策时，采用一定的民族文物保护措施，这样副作用就小了。

3. 整体保护还是撕裂保护

我国在古村落保护上，过去也做了很多工作，如2008年颁布了《历史文化名城名镇名村保护条例》，2011年颁布了《非物质文化遗产法》，但与国外比较还是落后，伦敦有一万多处保护点，英格兰有60万处，日本100万处，新加坡5300处，我国上海这方面搞得不错，也仅有623处街区列入保护范围。

古村落是中国传统文化的重要代表。村落是中国社会的基层单位，其中不仅有大量的物质文化遗产——文物，也有许多非物质文化遗产，如民间美术、手工技艺、生产工艺、民俗文化等。上述两种文化是缺一不可的，是相互依存的，都应该是中国传统文化的有机组成部分，理应完整地、全面地加以保护。但是我国在做法上却把上述文化撕裂开来，分别保护，即文物或物质文化遗产归国家文物局管理，非物质文化遗产归文化部管理，各自有法律、有机构、有人员，而很少配合，各行其道。

上述分裂保护做法有很多问题。

首先，传统文化是一个整体，物质文化和非物质文化是文化的两个方面，人为地把它分为两块，去彼而求此，或弃此而求彼，都是有问题的，须知"皮之不存，毛将焉附"，这种做法与保护对象的性质是相违背的。

其次，本来整体保护在组织、人力、经费上都节省得多，一旦把它划为两块保护，必然在人力、经费上造成严重浪费。

再次，是漏洞没人管。国家文物局主要管理清代以前的文物，对近现代的民俗文物、民族文物并没有着力管理；而文化部一味追求非物质文化遗产管理，实际上是着眼于近现代的非物质文化遗产，对同时期的物质文化遗产则往往以"国家文物局管"而弃之不顾，无形中把近现代文物漏掉了，使近现代文物处于"几不管"状态。

　　不难看出，我们在传统文化保护方面，无论在体制上还是政策上都存在不少问题。我们诚恳地希望将来国家建立一个文化遗产机构，把物质文化遗产和非物质文化遗产统一管理起来，使中国传统文化真正被保护起来，那时"古村落"也就更受重视了。

4.加强对古村落的保护

　　为了保护好古村落和其他中国传统文化，有几点值得注意。

　　第一，应该把保护古村落当成国家行为。无论是过去的梁思成，还是现在的阮仪三、陈志华等专家，都曾大声疾呼要保护古建筑、古村落，虽已取得了重大成就，但是还不够，必须把它作为国家行为才能更加有效，如在立法、机构设置和经费上做出规定，才能使上述保护切实可行。

　　第二，使保护成为全民行动。保护古村落是要花很多钱的，国家可出一些，还不够。我们不妨学习外国经验，要全民行动——"大家动手，人人有责"。把保护对象立项，实行群众资助，国家补贴，这种民办公助的办法，在不少地区都可实行。

　　第三，要进行整体性保护。保护古村落，不仅要保护它的建筑，还要保护古村落中的传统文化，如家庭的组成、生态环境、公共事务和宗教信仰，以及谋生手段、手工工艺、节庆、人生礼仪、民间美术，等等。既要保护其中的物质文化（文物），也要保护其中的非物质文化，千万不能把它撕裂开来分头保护。

　　第四，反对搞假古董。保护古村落的目的，是保护历史文化遗产，让她"延年益寿"，为发展新文化提供借鉴。同时也可以开展旅游，进行爱国主义教育，弘扬传统文化。如果把古村落及其文化都保护好了，上述目的不难达到。当然有些古村落遭到不少破坏，进行维修是必要的，但要"整旧如旧，以存其真"，一定要保护民族特点。这对发展旅游有着巨大魅力。现在有些人打着保护古村落的旗号，大搞假古董，如在满族老家宁古塔搞"肃慎王塑像"，在刘邦老家徐州搞"汉街"，凤凰城天天搞"送河灯"，等等，伪劣作品成堆，假古董满天飞，违背历史文化，追求的是"招财进宝"，此风必须刹住。

四十三　捐赠文物纪实

　　我不反对收藏，但反对把文物商品化、唯利是图的人。我认为真正的物质文化研究者，不仅要有深厚的调查研究基础，有不少田野调查实践，还要经常接触文物，研究文物。过去在田野工作中和博物馆里，我经常与文物打交道，退休以后为了接触实物，我既爱看博物馆展出，又爱跑旧货市场，几乎每周都去，能遇到不少新问题。为此进行一些收藏也不为过，但都是为研究，而不是赚钱。我的收藏往往是为研究而来，我拒绝买卖，也不上拍卖行，而是把它捐给有关博物馆。

　　过去我已捐赠一些文物，列举如下。

（一）无奈的收藏

　　我本来不想搞收藏，但现实生活又把我卷入其中。20世纪末，我看见一山西人在贩卖北京六必居的房契、账本、广告，珍贵无比，又是从六必居主人老家山西襄汾来的，我建议他送给六必居公司。他去了，但当时六必居老板根本不把上述文书当回事，说："我们不要这些破烂，你拿走吧。考虑到你看得起我们，现在送你1000元，10瓶酱菜。"卖主很高兴，又来找我，说："六必居财大气粗，看不上我送的文书，但赏我1000元和10瓶酱菜。我已够本，现在把东西送你，我留着也没用。"我听后好笑，六必居老板真老杆，有眼不识金镶玉。我留下文书，但给了卖主本钱。于是我成了"破烂"的收藏者。后来我又收藏一些六必居的老物件和文书，研究起来也有味道。但我把这些文书送给六必居之心不死，又派一位学生带着文书前往，结果更惨，他没有得到犒赏，反而被轰了出来。我对此十分生气。当时正赶上《北京晚报》举行老字号征文活动，我一口气写了500字的《无奈的收藏》一文，痛批六必居当今老板的无知。不久，该文刊登了，我还得了奖品，一大纸箱食品，正好赶上过春节享受。幸运的是，后来六必居换了老板，极重视自己的文化，主动找我把上述文书取回去，了却我一桩心愿。

（二）为同仁堂捐赠文物

同仁堂是北京老字号，保留了传统的制药工艺，梯队式传承药工，筹建了中医博物馆。我去看了，认为很好，美中不足的是摆了别人的东西，缺乏同仁堂的东西。接待人说："找物无门。"我说："你们有空，到我家看看。"事后同仁堂派员到我家看看，结果有四大纸箱同仁堂的东西，有招幌、褡裢、制药粉本、书稿、广告等，他们十分兴奋，说："可不能到拍卖行呀，那就把我们企业秘密公开了！"我说："不会的，将来都给你们同仁堂。"接着他们让我开价，这是商人的口头禅。我说："我不是做买卖的，也不为挣钱，当初我怕流失于社会才收藏的，现在找到了真主人，物归原主，若能展示出来，我就心满意足了。"他们对这些东西还放心不下，生怕让人拿走，我说："你们放心，我不会给别人的，更不会把它们当作做生意的手段。如果你们不放心，可先拉回去，反正我留着也没用。"

这批同仁堂文物是哪来的？原来八国联军占领北京，同仁堂老板逃往太原，此地有他们的坐堂先生，又有分店，带去了细软和重要档案。八国联军撤走以后，同仁堂的人回到北京，就把一些东西留在太原了，一直存放在阁楼上。后来几代易主，最后修房子，发现了同仁堂旧物件，就流向旧货市场。我看它珍贵才收留下来。

同仁堂拿走东西后，给我一笔奖金，我又同他们具体点交一次，他们缺乏懂本店历史的人，究竟怎么使用，是出书、陈列，不得而知。

（三）为地方民博提供文物

我热爱民族历史研究，期间也收集一些实物，但研究之后，就完成了历史使命，分别捐给了有关民族博物馆。

1. 吉林萨满文化博物馆

听说吉林要建一座萨满文化博物馆，郭淑云请我帮忙，正好我手头有几件萨满文物，如汉代铜神牌、辽代萨满帽子、鄂伦春族神像等，我都捐献了出去。

2. 海南省博物馆

在 20 世纪 90 年代初，我曾多次去黎寨调查，收集不少黎锦和服装，包括黎族五个支系的实物。当时我还看到黎族的传统文物，也做了收集。后来我把一部分捐赠给了海南省博物馆，其中还有一件琼海总队的文告，十分珍贵。另一部分捐赠给了海南省文化馆，作为非物质文化遗产展品展出。两次捐赠都有陈佩参加。

3. 民族古文字陈列馆

我在 20 世纪八九十年代于西南民族调查时，发现当地许多民族巫师都使用经书，大体有三种：一种为图画经书；一种象形文字经书；一种为藏文经书。这些经书对研究中国文字形成史和西南民族史有重要价值。我把其中的一部分捐赠给中央民族大学文学院，现在院里展示的民族文字就有不少我的收藏品。其中有一张很大的辽代的石碑拓片，汉文、契丹文对照，甚有价值。乌拉西村还为此写了一篇论文。有一次我在北京古玩城看见王加勋，他发牢骚说：“那张拓片是我的，我已经拍卖了，怎么又跑到民族大学了？”我说：“你的发现是否最早？恐怕在你之前就有人搞拓片了。那张拓片是我捐给民族大学的，是内蒙古赤峰的吴景峰送我的。”

4. 泸沽湖博物馆

我研究的西南民族经书比较多，除一部分捐赠给民族大学外，还剩下许多精品，如皮面具、指路经、国语书、卜书、卜图、东巴经、银质藏经等。这些东西好多家要，一是汶川博物馆，一是丽江东巴文化研究院，他

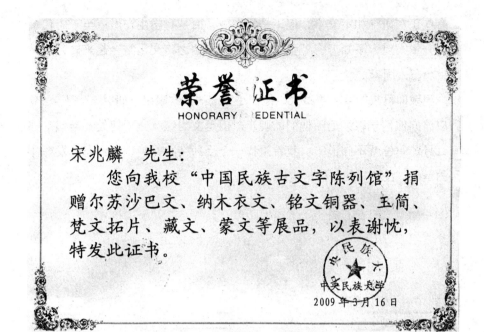

43-1 民大颁发的证书

们都来人看过，极感兴趣，很想要。但是后来盐源县书记、县长等多人来过，先后三次，他们坚决要，除羌族外，其他纳西族、摩梭人、普米族、藏族、耳苏人、纳木依人民族文物都要，他们根据刘希葆建议，在泸沽湖边建了一个摩梭文化园，投资 50 多亿。他们还在民族大学开了一个专家座谈会。这些实物除经书外，也有少量器物，我最感兴趣的是飞石索、弋射工具，特别是后者，已经难寻了。

（四）重要捐赠在后头

以上捐赠，仅仅是我收藏的一小部分，正如有人说的"这是边边沿沿，大头还在后头呢！"这种说法可能是对的。

我的重点收藏，有几大类：1.历代佛像；2.唐代金银器；3.唐卡、金属经书；4.古代乐器和歌舞俑。这些东西都与我的研究有关，但有几种情形：一种已经研究，并且写了专著，如《古乐撷英——我所收藏的乐器》，这些东西是应杭州中国音乐博物馆而收藏，大概是赠给音乐博物馆；

二有些正在研究和写文章，但不是我在做，而是有学生在做；至于唐代金银器分量太重，不知怎么下手，很可能同丝绸之路文化结合起来做，但最后也会归入国家。

我敬仰已故的著名收藏家，他们是爱国的，做事出于研究，出于公心。我应该向他们学习，追随他们的脚步。但是文物究竟归于何处？当然是国家，具体单位就不知道了。我希望找一个受到精心保护、能够充分发挥作用的单位，没有好的归宿，我是不会把"女儿"嫁出去的。

四十四 民族考古比较研究

前几年中央电视台《人物》栏目曾以"民族考古学家宋兆麟"为题，播放纪录片，还出版一本同名书。对此我实不敢当，因为民族考古研究上做得比我好的不乏其人，其中就包括我的老师李仰松先生、学长汪宁生等人。

李仰松先生没给我上过课，但他经常担任苏秉琦、林耀华等先生的助教，也给我们不少指导。更为重要的是，他曾参加过1956年云南佤族社会历史调查，对我影响较大，基本有三点。第一，李仰松先生记录了许多佤族的历史文化现象，利用活态的民族学资料去研究、印证考古问题，如制陶术、酿酒起源，把考古学与民族学结合起来，互相印证，相得益彰。这种新的、民族考古比较研究，为我们做出了表率，对我的教育是很深刻的。当然，民族考古比较研究过去不少学者都提出过，可惜他们没有更多的时间进行实践，而李先生是真正吃螃蟹的人，使我们后来者少走了不少弯路。第二，李仰松先生是考古学出身，对绘图比较重视，在他参与编写的《佤族社会历史调查报告》中，有不少精美的插图，在同类调查报告中开了好头。事实上，搞民族学调查，一般人对物质文化比较忽视，有插图者更寥寥无几。李仰松把考古学的绘图方法带入民族研究，这是难能可贵的。第三，一般搞民族学的人，不大重视拍摄民族文化照片，留下的民族学照片极少，这是很遗憾的。过去李仰松先生在佤族地区拍了几百张照片，有些极为珍贵，如房内壁画、人头桩、制陶方法，这些是后来者所看不见的。听说李仰松先生将其捐给北京大学考古文博学院，这些令人很敬重。实际上，照片应该是民族调查的记录方式之一，必须大力抓一下。

我在北京大学读书期间，除了接受李仰松先生教导而外，还参加一次广西民族调查。2012 年 3 月，《中国文物报》曾以"大学期间的民族调查"为题，翔实介绍了上述调查。这次社会实践对我走上民族考古之路有重要影响。

做学问，一要靠个人努力，我虽然不聪慧，但学习还是勤奋的，做事也用心，但仅此是不够的；二要遇到机会和单位提供的条件，我从北京大学调到中国历史博物馆，正赶上抢救民族文物的机会，中国历史博物馆也给我提供了有利条件。

1961 年暑假，国家文物局组织翦伯赞、吴晗、翁独健、韩儒林等专家赴内蒙古呼伦贝尔考察民族文化。事后专家提出，民族地区即将发生巨变，传统文化将消失。他们建议国家文物局应该把典型的、不同社会发展阶段的民族文物抢救下来，以备将来展览、研究之用。翦伯赞还提出："将来重建历史博物馆时，应该中央为走廊，两侧为展厅。一面用考古文物讲述历史，一面以民族资料讲历史，那样中国历史就活泼多了。"国家文物局接受了上述意见，并责成中国历史博物馆完成此任务。由于我年富力强，又参加过 1958 年全国民族社区历史调查，馆领导就把抢救民族文物的任务交给了我。

怎么搞民族调查、搜集民族文物，我的心里也没有底，但李仰松先生的实践对我的启发多多。

我的调查工作如下：1961 赴内蒙古大兴安岭鄂伦春族调查，搜集了 1000 多件民族文物，我还随猎人在林海雪原中进行若干天狩猎，亲自体验狩猎生活。1962 年去云南西双版纳傣族地区调查，搜集农奴制文物一万多件，还复制了大批傣族文书。1963 年初，又转向云南西北泸沽湖地区，对摩梭人走婚和母系家庭进行调查，搜集 3000 多件文物，用 40 匹骡子才驮出来。1964 年又对云南小凉山彝族进行调查，搜集不少民族文物。"文革"十年，民族文物征集工作停止了。"文革"结束后又先后对盐源左所摩梭走婚和母系制、木里纳西族伙婚、苗族、四川大凉山彝族和海南黎族进行调查，搜集不少民族文物。

以上调查，有几个特点。第一，时间长些，少者三个月，多者十个月，有些地区还去过多次，决不能走马观花。第二，先易后难，特别是涉及隐私的领域，一定要有相互信任后才能进行。第三，调查方法多样，一是搜集民族文物，这些已为中国国家博物馆收藏；一是做好文字记录，一个地区起码有五六本调查笔记；一是拍摄了大量照片。我的调查有一定特点，一般搞民族学的人，比较注意阶级关系、社会形态，不关注物质文化；我却反其道而行之，主要抓民族文物、民族形象，侧重物质文化研究，这是民族学者所不注意的。我的研究既依靠考古资料，又离不开民族学资料，进行民族考古比较研究，从而走上了民族考古之路。

这条道路是否可行呢？在 20 世纪 80 年代是有争论的：一种认为我的治学方式是考古学的叛徒，在郑州考古会议上公开点名批评我；另一种意见支持我，而且发表了很好的意见。

记得 1981 年在杭州举办中国考古学会时，夏鼐先生对我很关心，说"你在历史博物馆也不顺心，可否到考古所来，当《考古》编辑，就不必下田野了。"我说："谢谢，让我先考虑考虑。"事后我专门请教苏秉琦先生，他说："千万不行，现在我们找一千个《考古》编辑都不难，找几个民族考古研究的很困难，现在不是'南汪北宋'吗，这是对你们的肯定，一定要坚持下去，不能改行当编辑。北大李仰松这方面也搞得不错，但他首先是教师，在研究经费和时间上远不如你们优越。"他又说："你不是共产党员吗，你们提倡'为人民服务'，从学科上看，人民最需要你研究民族考古，而不是当编辑。目前工作上可能有不顺心的地方，那是暂时的，将来会好起来，一个民族不能没文化。"

苏先生的讲话，有理有据，令我佩服。从而更加确定我走上民族考古研究之路。

其实，民族考古是一个大概念，具体分为两类：一种是古代中原的边疆地区的民族考古，如吴越考古、匈奴考古、滇文化考古、南诏考古、辽

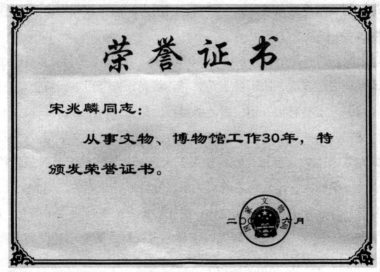

44-1　文博工作 30 年证书

金考古等，这些才是真正的民族考古，在我国是考古学的重要组成部分，队伍很大，人员很多，贡献卓著，这是我们首先应该重视的。另一种是民族学与考古学比较研究，如李仰松、汪宁生和我基本属于此类。

在上述两种民族考古中，前一种我也做过一点，如景洪新石器时代考古、泸沽湖新石器时代考古，博什瓦黑南诏石刻考古、辽代文物研究等，但我的主要精力花在后者身上，即从事民族考古比较研究。

夏鼐先生给我们讲"考古学通论"时，曾说过，考古学是利用地下发掘的实物研究人类的过去。我基本是按着夏先生的方法做的。如石球是怎么投掷的？钻木取火分几个步骤？耒耜是什么结构？"二牛三夫犁"是怎么回事？造纸有哪些工艺？文字怎么起源？婚姻家庭怎么演变？民间信仰有哪些内容？上述问题都是考古学提出的，也是我所要回答的问题，我的具体研究，主要是利用文献记载和考古发掘料研究问题，所以不同的是我大量地引用民族地区的"社会活化石"去印证，解释考古学的"死材料"。须知，国内外现在所保存的民族学资料，都是在现代文化包围之下，已经不是完整的社会制度，而是一种残余形态。所以我们不能以一个民族的社会形态去套用考古学有关资料，但是可以用民族学中的个案去解释考古学中的个案。这些方法在我的著作《中华远古文化》、插图本《原始社会风俗》、《巫与祭司》、《中国生育、性和巫术》中都有反映。此外我还出版一套多卷本《边地民族考察记》，这也是一个考古工作者的写法。

由此看出，我没有做出损害考古学的事，没出卖过考古学同行，而是扩大了考古学研究领域，增加了民族考古学的研究方法。因此我不是考古学的叛徒，而始终是考古学战线上的一名战士。事实上，考古学不会老停留在起跑线上，她要发展、壮大。试想，建国初期，我国的考古学多简单，现在不同了，增加了环境考古、科技考古、动植物考古，还有碳十四等测定方法，这是考古学发展的重要标志。

前几年学术界有过一场辩论，题目是"民族考古学是一个考古学分支学科吗"？争辩相当热烈，由于双方都是我的朋友、学长，我不便参加，最好让后人评说。我个人的想法是，首先应该对民族考古学有一个科学界定，是真正的民族考古，还是民族学考古学比较研究？其次，如果把民族考古比较研究当成一个分支学科的话，它应该有理论著作，代表作品，目前还欠火候，尚不能构成一个分支学科，至于将来是否成为一个分支学科，目前还不得而知。第三，无论是民族学还是民族考古比较研究的民族学，在社会变化极为剧烈、民族文化不断消亡的今天，上述研究越来越困难，从事研究的人也会越来越少，这是应该充分估计到的。

关于治学方法，我主要运用民族学资料去研究考古学诸问题，即民族考古比较研究方法。这种方法并不是当代人的发明，就中国而言，国学大师王国维就提倡此方法，后来蔡元培、郭沫若、李济、林惠祥等先生也极力提倡，我是站在巨人的肩膀上开展工作的，幸运的地方是有更多的实践机会。

首先，最初是从器物学研究开始的，利用活生生的民族地区保留的渔猎工具、农具、纺织工具去复原考古所发现的工具形制和功能。如山西许家窑旧石器时代遗址发现了 2000 多件石球，干什么用的？民族地区保留不少飞石索，可帮助解释石球是若干万年前的猎具。贾兰坡博士依此推断许家窑人是猎马人，同济大学机械专家陆敬严也对石球研究做了高度评价，指出我写的《投石器和流星索——远古狩猎技术的重要革命》一文，对研究古炮起源十分重要。

其次，史前社会研究有相当难度，过去这类专著也不少，但多用国外的考古学、民族学资料。我与同仁结合中国的历史实际，尤其利用民族考古的方法，完成了《原始社会》、《中国原始社会史》、《原始社会风俗》等著作，受到学术界的好评。著名的考古学家严文明先生亲自写信称"你们多年来致力于考古资料同民族学资料相结合，走出了一条治原始社会史的新路子，这是很值得庆贺的"。

再次，原始宗教和民间信仰也是一个重要研究领域，先后出版了《巫与巫术》、《巫与民间信仰》、《中国生育信仰》等专著。著名学者王振铎先生在病榻上读了《巫与巫术》，写信赞誉作者的田野调查，认为"吾兄解放以来从事此项科学研究成绩斐然，只是缺少社会上之形成一种对此项研究之有力支持"。上述著作还出有繁体中文版和韩文版。其中的《中国生育信仰》还荣获中国民间文艺山花奖·学术著作一等奖。

目前中国文明起源是一个热点，其中不少问题有待探讨。有些寄希望于考古发现，有些寄希望于综合研究。如文字的产生是文明时代的重要标志，但众说纷纭。为此，我多年来深入边疆，寻找还在使用的原始文字。如 20 多年前发现了耳苏人图画文字，近年又发现了摩梭人象形文字，在这项调查中还发现一批藏族本教的图画经典，如卜书、送魂经、历书等。这些都是新的发现，对研究当地民族的历史、宗教和文字起源都有重要意义。

民族考古也使我意识到民族文物是民族历史文化的重要载体，是民族风俗的储藏库，又是筹建民族博物馆、开发民族旅游的物质基础。但是在世界经济一体化的形势下，民族文化处于弱势，正受到严重的冲击。因此我极力呼吁抢救民族文物，加快培养民族文物干部，并著有《民族文物通论》一书，该书现已成为培养民族文物干部和有关研究生的基本教材。同时，我还为筹建各地区民族博物馆做了大量工作。目前正在泸沽湖边筹建摩梭文化博物馆，这是抢救当地民族文物、弘扬摩梭优秀文化和进行旅游开发的重要举措。

　　实践证明，新的研究方法，不仅有助于深入学术研究、开拓新的研究领域，也可刺激田野调查、促进新的发现。

　　做学问好像是一条流淌而无尽头的长河。每一代人介入其中，宛如参加一场接力赛跑，只能跑一棒，但要跑快、跑好、跑出特色，做出自己的贡献。我对自己的民族考古比较研究的做法，还是满意的，无怨无悔，但我不会忘却自己赶上了好时候和遇上了好机会，也牢记博物馆给我的有利条件，还有培养我的北京大学。

后 记

  《民族考古之路——我的治学生涯》书稿最初是较长的，似乎可印两册。后经研究，将其中器物类内容摘出，另出一书，剩下来的就成了如今本书的样子。本书的突出特点，是讲述我的成长过程：自己具体是怎么从一个考古工作者，走向考古学与民族学比较研究，也就是从事民族考古研究的。如书名所揭示的，它有点像一部治学史，这可能是历史条件使然。我想补充的是，自己绝大部分时间从事民族考古比较研究，然而我做的工作仅仅是民族考古的一部分，真正的民族考古应该是我国民族考古的具体研究，这方面范围广，题目多，我个人远远没有此类研究条件，所以不能奢求。我晚年又遇到不少辽代文物，这为涉及具体民族史研究提供了一点可能，于是最近二十年我接触不少辽代文物，研究不少契丹民族的历史。如最早出版的有《蹴鞠：中国古代的足球》一书，后来写了《契丹人百工图说》、《中国古代冰雪文化》（即将出版）等书。由此看出，历史又给了我一个机遇，让我涉足辽代契丹文物研究，使自己又回归考古学研究。这一点令我快慰不已。